赵氏擒拿术（下）

擒拿秘籍《九重天》套路精解

刘明亮　邸建恒　付真　著
赵大元　传授

人民体育出版社

擒拿秘籍《九重天》手抄本原谱

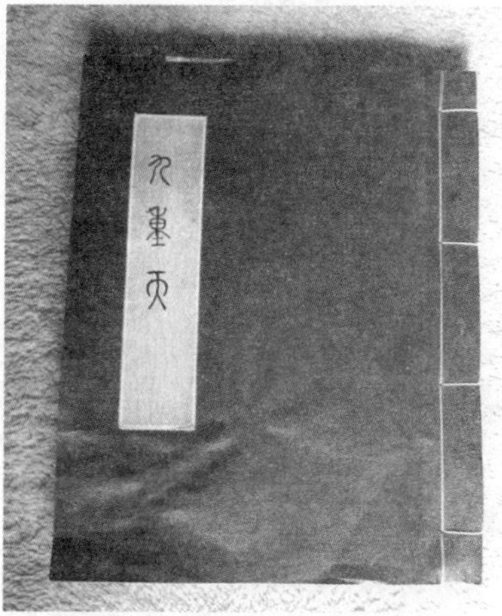

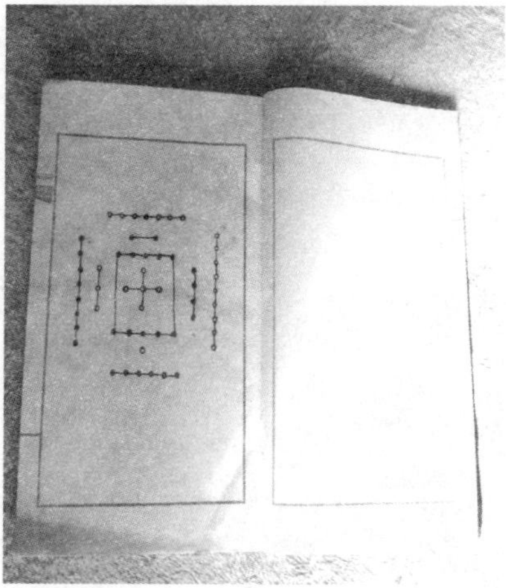

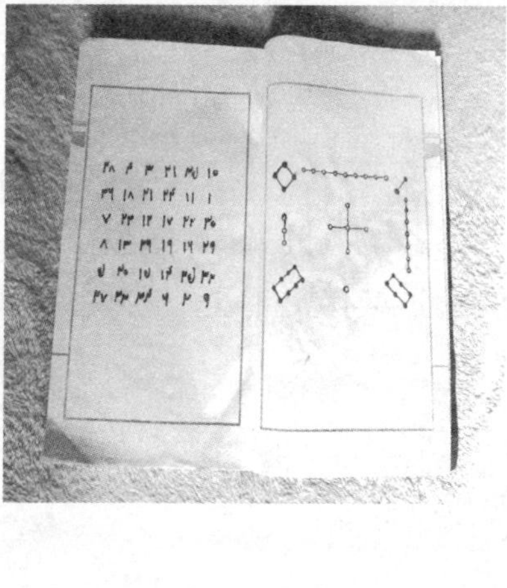

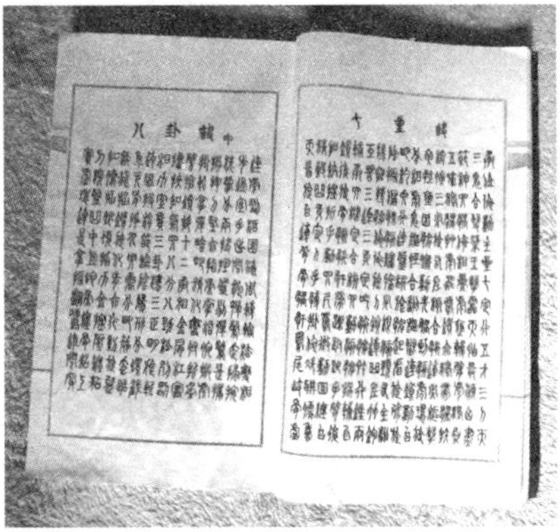

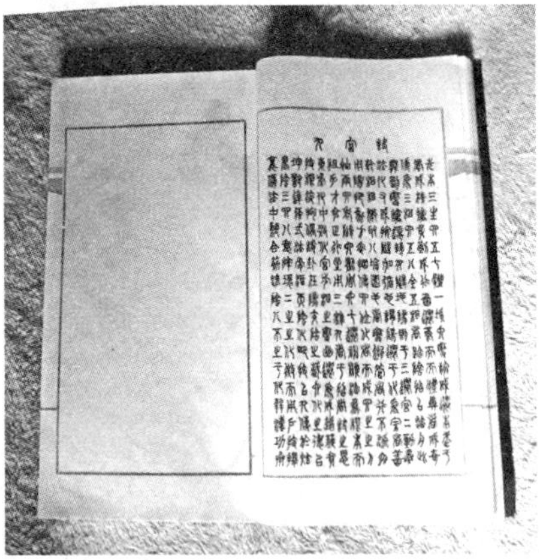

作者简介

刘明亮　国家武术六段，国家武术一级裁判员，国家散打一级裁判员。国际关系学院武术队总教练、副教授。现任赵氏擒拿研究会执行副会长。

自幼酷爱武术，随其父（刘国良）习学形意拳，在其父的严格教导下刻苦练习，打下了坚实的武术基础。1994年考入首都体育学院专修武术。大学期间，向太极拳前辈杨文笏（陈照奎的大弟子）的弟子史祥志、王迪两位老师学习陈式太极拳，在技击和推手方面得到杨老师的悉心指导。1997年参加在河北深州举办的国际形意拳邀请赛，取得一个一等奖、两个二等奖的好成绩。同年，正式拜认邸国勇（时任北京形意拳研究会会长）为师，习练形意拳和八卦掌。经邸老师引荐，2010年拜认赵大元老师习练擒拿格斗，在赵老师的悉心指导下，对擒拿格斗的理论、技术、技法都有较为深入的研究。多次协助赵大元会长组织拜师、寿庆以及赵氏擒拿研究会年会、团拜会和论文研讨会等大型活动。

1998 年分配到国际关系学院体育美育教研部工作，并相继开设了“警体格斗”“散打”“实用擒拿”“女子防身术”“太极拳与推手”等武术课程。带领校武术队屡次在北京市和全国的武术比赛中获得优良成绩，其中有十余人获得全国性武术比赛前 3 名，100 多人次获北京市太极拳推手、散打及武术套路的冠、亚军，并有 11 名队员获得国家武术二级运动员称号。常年担任武术套路、散打裁判员、裁判长等职，多次获得优秀教练员、优秀教师、先进工作者、师德标兵等荣誉称号。

从 2006 年至今，在有关学术刊物发表了 80 多篇论文，另外在各类学术研讨会上获奖的文章有 10 余篇；主编武术类书籍 5 本，参与编写 6 本；主持和参与科研立项 10 余项。

邸建恒　1954年出生，原第二炮兵副师职军休干部，中国武术六段，赵氏擒拿研究会宣传部副部长。

1994年开始学习杨式太极拳和太极剑、刀、扇；2004年跟田秋信、曲志远老师学习陈式太极拳；2007年跟赵大元老师学习传统武术、太极拳、八卦掌、擒拿技术；2010年4月拜武术家赵大元先生为师，学习赵氏擒拿、八卦掌、太极拳等中国传统武术。2008年4月参加北京市“和中杯”武术太极拳比赛，获“陈式太极拳”第六名；2012年4月参加北京市传统武术比赛，获“短兵器”第八名；2012年7月参加北京市第九届国际武术邀请赛，获“传统单短器械刀”第一名、“传统太极刀”第三名；2014年7月参加北京市第十届国际武术邀请赛，获“传统其他单短器械”第一名、“传统单短器械刀”第一名。

付真　1978 年出生，理学博士，中国地震局地球物理研究所副研究员，赵氏擒拿研究会会员。2003 年开始学习太极拳，2009 年学习八卦掌，2010 年开始跟随赵大元老师学习太极拳、赵氏擒拿及八卦器械等传统武术，对八卦掌、太极拳和擒拿格斗的理论、技术、技法都有较为深入的研究。2014 年所写论文《武术技击的两点力学分析浅释》获首届北京国际武术节暨北京国际武术与养生文化学术研讨会论文一等奖，并在《中华武术研究》专刊上发表。

师 序

实用擒拿秘籍《九重天》乃门户之秘宝，“秘籍”每代只传承一人，门中人亦无得窥其全貌，更从未显世示人。

吾甚幸，遇明师悉心教诲，又得承擒拿秘籍《九重天》。四十余载遵师研习至今，仍不敢稍有懈怠。其内容之博大精深，唯叹！聪智有限，恐穷尽吾生，亦难释怀。

一九八三年体院张文广教授见此手抄谱时，对吾师李子鸣和我言道：“此乃武林擒拿术唯一之孤本，如能无私公开，奉献国家，译著阐述，对中国传统武术之研究发展，是一巨大贡献。”然恩师张晋限于门规未能同意。自一九八四年遵师嘱，开始译解之。然其内容之博大精深，所涉学科之广，虽查阅大量古籍、有关学科著作，三易其稿，终感有隙。后在我撰写教材、著书时，经恩师同意，曾部分引用转述。

流年如逝，恩师张晋、李子鸣相继仙逝。吾亦渐老矣，每当翻阅随恩师学艺技之笔记，思恩甚盛！吾自二〇〇一年退休后，应广大武林爱好者之殷切、中华武术传承发展之需，决心依据两位恩师的讲解教诲，结合自己五十余年研习、实践、教学的切身体会，把传统秘籍与现代科学相结合，将《九重天》重新全部整理、译解出来，自一九八四年至今，穷三十余年心血，《赵氏擒拿》上、中两册，四易其稿，现已正式出版。

更幸甚，吾喜得贤徒！刘明亮、邸建恒、付真随吾研习多年，尽得吾传。为传承有序、提携后贤，《赵氏擒拿》下册由刘明亮总负责，三人合作，现也终于完稿出版。

“赵氏擒拿研究会”在各级领导和武林同仁的大力支持下，于二〇一三年正式成立。正是：“开门立户殚精传承慰前辈，著书授业竭虑继道育后贤。” 吾一生之愿足矣！

诚望有志者研习传承，并以告慰先祖、先辈及两位恩师在天之灵。

二〇一五年春于北京寓所

前 言

恩师赵大元先生自幼习武，至今研习武术已越花甲。赵老师涉猎八卦、太极、形意、罗汉、弹腿、迷踪等多种拳术。工作期间，广泛走访民间武术家，对擒拿进行细致的调研，并曾出访十余个国家，博采多国的警用格斗技术。正所谓“七十春秋岂等闲，国术相伴暑与寒，刀枪拳扇龙蛇舞，刁拿锁扣法通玄”。赵老师曾在中国人民警官大学和中国人民公安大学任擒敌技术教官，深谙擒拿格斗之关要，退休后创立赵氏擒拿研究会，把全部精力都投入到中国传统武术擒拿的传承上，真是“著书立论传绝技，课徒授艺勤与严，奖牌频收新会立，光大擒拿不老仙”。

为了让赵氏擒拿更好地传承，便于后学者学习擒拿技术，赵老师博采众家所长，归纳总结，传承创编了不少套路，本书中收录的就是赵老师继承和创编的几个经典套路。师父为提携后一辈擒拿人，特意安排我们撰写恩师所传授的套路，撰写的过程也是进一步学习和研究的过程，更是进一步深入和提高的过程。非常感谢恩师对我们的信任和关爱，放手让我们年青后辈承担重任，历练提高。

本书第一、二章由刘明亮撰写，第三、四章由邸建恒、刘明亮撰写，第五章由付真撰写，统稿由刘明亮负责，书稿完成后，几经赵老师修改，让我们看到了老一辈武术家对武术事业的责任心和对年青一代的关爱之情。

参与照片拍摄工作的有刘明亮、邸建恒、王超、付真、张海明、高贺祥、赵燕斌、陈鑫等，黄筠、刘正、孙威、余培正、熊国栋等也参与了本书的修改工作，在这里对他们的辛勤付出表示感谢。

希望我们所做的一些工作，能够对中华武学精华更好地传承有所帮助，同时也希望中华武术能伴随着我们的民族梦不断发扬光大！

目　录

绪论

《赵氏擒拿术》是目前唯一一部从理、功、技、法四个方面全面、系统、科学地阐述实用擒拿《九重天》秘籍的译注。它分为上、中、下三册。

上册为擒拿秘籍《九重天》译注，主要是对《九重天》中的擒拿武功口诀做出科学、系统、合理的译注。它是所有实用擒拿技术所依据的理论基础。

中册为擒拿秘籍《九重天》图解，它是与上册《九重天》译注相对应的全部主要功、技、法的具体图解，涵盖了基本功法练习、基本技术练习以及各类实战应用技术，精选了各类一百多种实用技术。

下册为擒拿秘籍《九重天》套路精解，它是《九重天》主要的拳、械套路的练习。套路既可健身且适合各类人群练习，同时又涵盖了相应的实用技术的应用。

擒拿秘籍《九重天》为赵氏实用擒拿门户之秘宝，从未面世且每代仅传一人。其基本功法、基本技术、实用技术以及套路更是不见著于文字，只在门内传习，由上代身传口授。很多独特的技法、练功方法和套路从未面世，是赵氏实用擒拿所独有的。现在下册“拳械精解”将其主要部分全部公开出来，提供给广大武术、擒拿爱好者研习之，为继承发展中华武术做一点贡献。

赵氏擒拿的套路特点：动作柔缓，舒展圆润，韵如太极；其劲力特点：刚柔相济，如行云流水，阴阳翻转，攻防相得益彰，踢打摔拿四大技法混为一体，每式均为擒拿本式，循八卦依照对方抵抗态势，而分八手变化。赵氏擒拿的套路既健身又实用，既适合老幼妇孺，又可以让青壮年人从中找到兴趣点。

赵氏擒拿的拳械套路注重内外兼修，强调内气的运行，以意领气，以气催力，节节相追，意必远放，旋而回，强调丹田内气的运转。（详见《九宫诀——劲力诀》）

另外，赵氏擒拿的拳械套路遵循中国传统武术的最高境界——止戈为武，是制止战争和冲突的一种手段，所以是以解除对方武装、控制对方、制止冲突为最终目标。尤其是在各种兵器（凶器）的使用上，更是注重使对方彻底丧失对抗能力的各种擒拿锁捆技术。

练习赵氏擒拿套路时有些注意事项，还请大家留心。第一，要注重细节，因为擒拿套路里面的擒拿手法比较多，练习者要对手法、劲力转化的准确性着重注意。第二，通过整个擒拿套路的练习，可以增加身体的协调性。第三，套路的练习从慢到快，由单人到对练，由不对抗到各种形式的对抗。对抗练习时劲力由小到大，速度由慢到快，只有经过由浅入深的对抗实战练习，才能真正掌握实用技术和套路的精髓。第四，对于套路中的每个式子都要进行对练练习和实战练习。对练和实战练习时，要由慢到快，由轻到重，练习中不能使用暴力，要以对方可以忍受为准，配手要练习好扑跌功和柔身功（详见《赵氏擒拿术》中册的第 66 页）以及双人锁定解脱练习（详见《赵氏擒拿术》中册的第 78 页），这样才能避免和减少运动损伤。

另外，擒拿套路的练习也要加强擒拿特有的基本功练习（详见《赵氏擒拿术》中册的第 10~65 页），擒拿对于力量、速度、技术有着非常严格的要求，三者是擒拿技术的三要素，其中力量是基础、速度是条件、技术是根本，研习擒拿者不可不知。

第一章 八把上拿

第一节 八把上拿单练套路

八把上拿是赵氏擒拿的核心套路之一，主要是擒锁人体的肩、肘关节的基本技术，它和擒摔锁捆技法是结合在一起的，是八把本手。针对对方的劲力和对抗方式，每一手又有八个变式（含本手），故肩、肘部实用擒拿技术共计六十四手，具有极强的实用性。

它可以一个人单操练习，也可以双人对练。对练时，一个人练习肩、肘部的擒拿技术，配手练习解脱与反擒拿。单人练习时要注意动作的连贯协调，劲力沉稳，尤其是手形和用力方向的准确性，动作柔中带刚，总体风格如同擒拿柔拳一样。

习练时的注意事项主要有，第一，要学会套路，要做到架正，动作舒展连贯，气血畅通，劲力顺达；第二，要注重套路的动作细节，每一个细小的动作都要特别注意它的用力方向和双手的劲力配合；第三，实用技术必须通过双人对练才能有所收获，练习时由慢到快，劲力由小逐渐加大，双人由不对抗到对抗；第四，一个人练习擒拿技术时，其陪练应该练习解脱技法，这样攻防结合才能真正掌握实用擒拿技术；第五，要注意的是练习过程中尽量避免使用暴力，以免造成不必要的伤害。

一、八把上拿单练套路动作名称及方向示意图

1. 金丝缠葫芦	2. 霸王折戟
3. 十字捆	4. 吕祖缚龙
5. 巧女纫针	6. 织女纺线
7. 青龙入洞	8. 倒拽牛尾

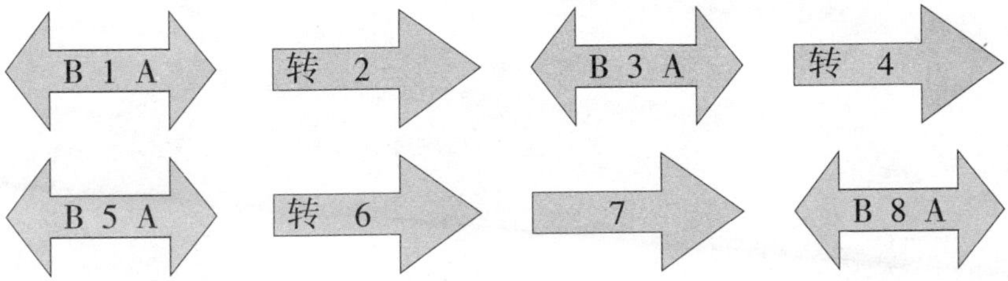

注：箭头方向是练习者面向方向，数字1、2、3是表示第一式、第二式、第三式，A表示本式中先面向的方向，B表示本式中后面向的方向，转表示转身。8个动作示意图应该为一行表示，由于篇幅有限，变成两行表示。

二、八把上拿单练套路动作说明

1. 金丝缠葫芦

动作过程：起式可以是从站立姿势开始或者是从八把中拿的结束姿势——霸王驾车开始（图1–1–1①）。霸王驾车的姿势是左脚在前，右脚在后，双手臂前伸，双手四指回勾，拇指微屈向前下（图1–1–1②）。

双臂向左前抬起成左下右上的十字手，微左转身，同时上右步，双手在自己的左侧45°位置（图1–1–1③）。右手向右前横切，左手翻掌向下回捋（图1–1–1④）。右臂屈肘下沉，左肘向右前横肘，收左腿（图1–1–1⑤）。双肘叠肘，即右肘向后向下，左肘向前向上叠加，左腿向前，微扣（图1–1–1⑥）。右转身180°，右肘向身后坐肘撞击，同时左手肘外撑（图1–1–1⑦⑧），上右步，右手随身体合开，从右侧自下而上弧线搓挑（图1–1–1⑨）。左后脚向前上步，身体微右转，左手横掌向前推搓，右手上臂和前臂折叠向后发力，重心前三后七，目视前方（图1–1–1⑩⑪）。

①

②

③

④

⑤

⑥背面

⑥正面

⑦

⑧

⑨ ⑩ ⑪

图 1–1–1 金丝缠葫芦

动作要点：（1）叠肘时要双肘同时用力，一前一后，劲力相合。（2）转身击肘时，右肘尖要到身后。

（注：套路演练为了提醒右肘后撞要用力，所以动作幅度比较大，实用技术的动作幅度虽然没有到身后，但用力一定要充分，这是该动作的核心。）

2. 霸王折戟

动作过程：接上式，扣左脚，重心移到左脚，右脚微向右外微横移。双手下捋，从左到右划半个圈，同时右转身（图 1–1–2①②）。右臂继续上绕成拳下拦（即右臂逆时针旋绕了一个圆），同时右脚向前进半步（图 1–1–2③）。重心前移，右臂旋拧右拳前顶（图 1–1–2④）。左后脚向前上一大步，身体右转约 90°，右臂屈肘回收，左臂微屈前挫，双臂相对、相搓压，目视前方（图 1–1–2⑤⑥）。

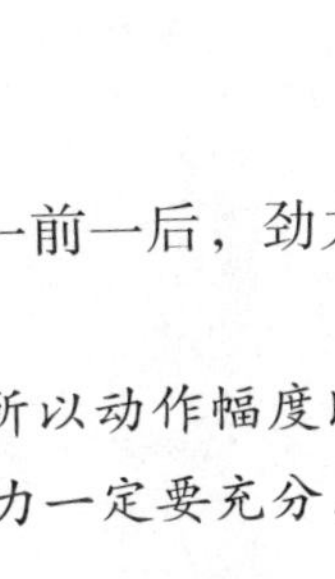

①

② ③ ④

⑤ ⑥背面 ⑥正面

图 1–1–2　霸王折戟

3. 十字捆

动作过程： 接上式，身体微左转，右手前伸，由左外向右后横拦（图 1–1–3①），身体微右转，左手向前横打，右手顺势回捋（图 1–1–3②）。双手逆时针盘半个圈，同时上右步，右脚微内扣（图 1–1–3③④）。向左转身，右腿蹬转发力，随后微屈降低重心，双手叠扣，手心相对，目视前下方（图 1–1–3⑤）。

图 1-1-3　十字捆

动作要点：双手叠扣动作要右手在上，左手扣指在下。

4. 吕祖缚龙

动作过程：接上式，右转身约 180°，重心移到左脚，右脚向前微垫步，右手向右后回刁（图 1-1-4①）。左后脚向前上一大步，左手从腰侧向前上掸出，力达掌背（图 1-1-4②~⑤）。左手臂向下向后，沉肘下挂；随后，叠肘弧线上挑，左手从怀中向外掏出，再弧线向下，同时右手臂弧线配合左手肘弧线运动（即左肘在身前划一个立圆，图 1–1–4⑥~⑩）。左脚向后撤一大步，左转身约 45°，双手下捋，至于腹前，重心偏后，目视前方（图 1–1–4⑪~⑭）。

①

②

③

④

⑤

⑥

⑦

⑧

⑨

图 1–1–4 吕祖缚龙

动作要点：掸、下挂、叠肘、掏手，要以腰带手和肘，力发自丹田，动作要连贯柔和。

5. **巧女纫针**

动作过程：接上式，上右步，左手由外向内拦，并向内向下弧线摇，右手向前横斩 （图 1–1–5①②），左后脚向前上一大步，脚尖微内扣，右手回扳（图 1–1–5③④）。向右转身 90°，左手回抱

(图 1-1-5⑤⑥)。继续右转身约 90°，左手下穿，双手叠在腰间，目视前方或者前下方(图1-1-5⑦⑧)。

图 1-1-5 巧女韧针

动作要点：左手的拦、摇和右手的盘、扳、抱要协调，动作要连绵不断，双手同时发力。

6. **织女纺线**

动作过程：接上式，向左转身约90°，双手摇，从腰间左侧摇起（图 1-1-6①②）。左脚微向左外垫步，双手成左上右下的十字手（图 1-1-6③④）。双手同时逆时针向前划立圆，左右手前后互换，左手横掌于胸前（图 1-1-6⑤~⑦）。右手向前推，推到正中时双手下捋，同时撤左步，右腿随即跟撤半步，脚尖点地，目视前下方（图 1-1-6⑧~⑪）。

①

②

③

④

⑤

⑥

⑦

⑧

⑨　⑩　⑪

图 1–1–6　织女纺线

动作要点：在双手互换的整个过程中，双手同时划一个完整的立圆。下捋与撤步要同时。

7. 青龙入洞

动作过程：接上式，右脚外掰，向前垫步，左手按右手臂，右手成拳，向右翻腕下压（图 1–1–7①）。左手前臂和上臂相叠，左肘关节向左上、向前、向右下划弧线，右拳顺时针自转一圈，同时以腰带手，顺时针公转一圈，右拳微撤，收至腰间。右拳要自转一圈还要公转一圈（图 1–1–7②）。上左步，左掌前推，右拳向前直打，同时右腿跟半步，震脚发力，左手轻扶右前臂，目视前方（图 1–1–7③~⑥）。

动作要点：左手臂立肘与右拳的自转和公转要同时进行，动作要协调、柔顺。

①　②背面

②正面 ③背面 ③正面

④ ⑤ ⑥

图 1–1–7　青龙入洞

8. **倒拽牛尾**

动作过程：接上式，左脚向前垫步，右手向左前横拦，手心向上，左手在右手肘关节处外撑，双手成右手前、左手后的十字手（图 1–1–8①）。左前脚微内扣，身体右转约 90°，双手从左上右下的十字手逆时针旋翻，左手翻掌，掌心向外，拇指张开，拇指外侧贴在右手手背（图 1–1–8②③）。右脚后撤步，继续向右转身约 90°，双手以腕为轴逆时针旋转，同时翻掌（图 1–1–8④~⑦）。再撤左步，双掌前伸，左掌心向上，右手心向下，随即重心后移，双手下捋至腹前，目视前方（图 1–1–8⑧~⑪）。

图 1–1–8 倒拽牛尾

动作要点：双手旋转时，手掌要自转，同时手臂公转。旋掌时要同时撤步。

第二节 八把上拿对练套路

一、八把上拿对练套路简介

八把上拿对练是在单人练习的基础上，通过双人的对操练习逐步提高对招数劲力的把握和控制，进一步提高对抗能力。八把上拿主要是针对肩关节和肘关节的擒拿和解脱，是具有针对性强、实用性强、便于学习等特点的经典擒拿对练套路。

二、八把上拿对练套路动作说明

预备式：甲乙双方立正姿势站立，身体自然放松，目视对方。抱拳行礼(图 1-2-1①~③)。

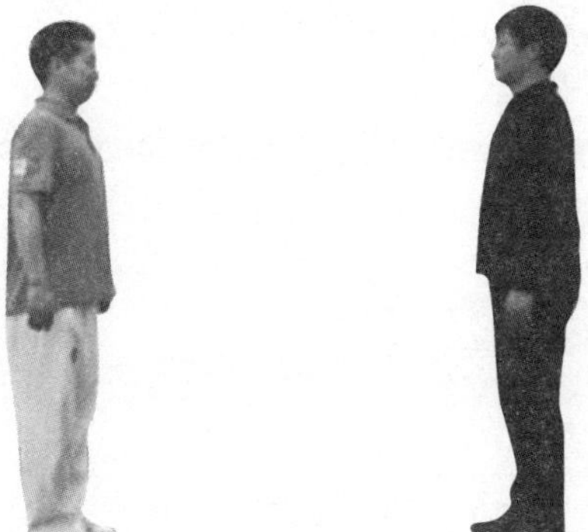

①

②

③

图 1-2-1　预备式

1. 金丝缠葫芦对练

● 动作一

甲（黑衣者）：左脚上步，右拳击打乙方头面部。

乙（白裤者）：微左转身，双臂成左下右上的十字手，由内向外格击甲方右前臂，左手接触到对方手臂后，迅速反掌扣手，向后勾挂或捋带甲方手臂，同时用右掌顺其右臂向前横斩其头部右侧，甲方左手向外格架防守（图 1–2–2①~③）。

● **动作二**

乙：右手臂不停，疾屈肘，用右肘部向下击压甲方右肘窝，同时左肘向前向上叠加助力，使其被动屈肘，随后乙方将甲右肘向自己腰间拐带，此时甲右臂前端被乙左手和身体阻锁，甲肘部旋内。

甲：随乙方的劲力，向左转身，左脚后撤步，到乙方身后，右手下捋乙手臂，左手前推乙上臂，形成反擒拿（图 1–2–2④~⑨）。

● **动作三**

乙：右手臂微旋拧，缓解甲对己手臂的擒拿，右腿提膝，右脚后蹬腿进攻甲方腹部。

甲：双脚向后跳步，快速收腹，双手放松乙手臂，随后成基本格斗式。

乙：右蹬脚落空后，快速回收成格斗式（图 1–2–2⑩~⑬）。

①

②

③

④

⑤

⑥

⑦

⑧

⑨

⑩

图 1-2-2　金丝缠葫芦对练

2. 霸王折戟对练

● 动作一

甲：右脚上步，右拳击打乙头面部。

乙：微左转身，右前臂由内向外格击甲右前臂，左前臂接触到甲手臂后，迅速逆时针盘裹其手臂，旋拧自己手臂并沿甲手臂向前下穿插，左手置于甲方肘部，防止其肘部攻击（图 1-2-3①~③）。

● 动作二

乙：右手臂不停，疾屈肘回收，将甲手臂向自己右肩处夹带，此时甲方右臂前端被乙左手臂夹锁，迫使甲手臂伸直，左臂微屈向前搓压其右肘关节，双臂相对、相搓压；同时乙右脚向前进步，别甲右腿，身体右转约90°，乙左腿崩弹用力；甲方顺势左脚上步，向前俯身，低头，前滚翻（图1-2-3④~⑩）。

● 动作三

甲：前滚翻顺势站立并转身，成格斗式。

乙：左脚上步成格斗式（图 1-2-3⑪⑫）。

①

②

③

④背面

④正面

⑤

⑥

⑦

⑧

⑨

⑩

⑪

⑫

图 1-2-3　霸王折戟对练

3. 十字捆对练

● 动作一

甲：右脚上步，右拳击打乙头面部。

乙：进左步，左侧闪，右手由内向外切格甲右前臂，在接触其手臂瞬间，以腰背的合力带动右手臂在身前逆时针划弧线，使甲右手臂在其左前方，同时疾翻腕，沿甲前臂向后捋带、刁扣其腕；同时乙左掌沿甲右臂上，横击其头部左侧（图 1–2–4①~③）。

● **动作二**

甲：左手格架，防守乙左掌横击头部。

乙：左掌翻腕刁扣甲格架之左前臂，疾向自己左腰间带捋；右手不停，刁扣甲手腕使其前臂上折，沿其左臂肘部外侧向上折压其左肘。此时甲两臂相互交叉，自成反关节锁扣。同时，乙疾上右步至甲右脚后右侧（图 1–2–4④⑤）。

● **动作三**

甲：左转身，左手翻掌顺势抓握乙左手腕并回拉，右手向甲的右外斜上伸展，解脱双臂。左脚微后移，上体前俯，臀胯后上弹打，过背摔将乙摔倒。随即，右膝下跪进攻乙的胸腹部。

乙：被摔倒后，迅速滚动，并站立成基本格斗式，甲方也成基本格斗式（图 1–2–4⑥~⑬）。

①

②

③

④

⑤

⑥

⑦

⑧

⑨

⑩

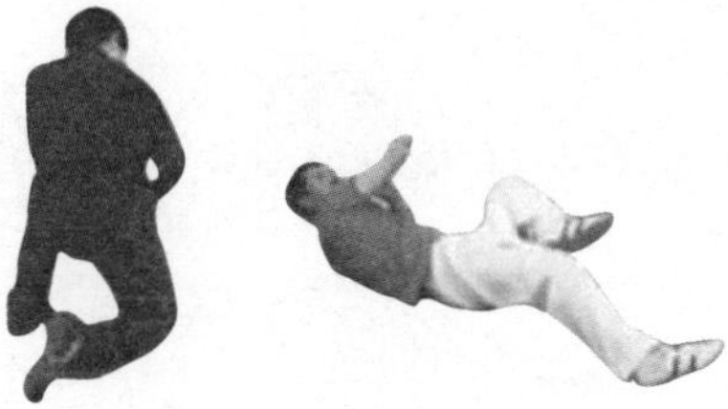

⑪

⑫

⑬

图 1-2-4 十字捆对练

4. 吕祖缚龙对练

● 动作一

甲：右脚上步，右拳击打乙头面部。

乙：微左闪身，双手成三角形向前上、向外格挡甲右拳进攻，右手接触到甲右臂时，迅速翻扣手臂，沿其前臂向后捋带并刁扣其手腕，左手藏在右手后，上右脚，左手从甲右臂下抽击其头部左侧，甲右手被我刁扣，必以左手格架（图 1-2-5①~④）。

● 动作二

乙：左臂沿甲手臂回收，并向后、向上、向前、向下搓滚甲右肘部，同时右手前推并旋拧（顺时针）其手腕，随后，重心前移，乙右手向甲身后推其手臂，左手向己裆部下切其肘关节。

甲：上体微右转，右手臂顺时针旋拧并向上穿顶，解脱右肩关节的方关节状态，左脚上步，头部引领上体向乙方右肋部钻（图 1-2-5⑤~⑨）。

● 动作三

甲：左手臂向上抱扳乙右腿膝关节，右手臂向前下砸压其左肩部，将乙摔倒。

乙：双手前臂顺势拍击地面，倒地缓冲，双脚顺势抬起，屈膝，向甲方腹部蹬出（图 1-2-5⑩~⑫）。

● 动作四

甲：快速回退，闪躲乙方的蹬腿后成基本格斗式。

乙：双脚蹬空后，疾向头后收腿，做“鲤鱼打挺”动作，快速站立成基本格斗式（图 1-2-5⑬~⑰）。

①

②

③

④

⑤

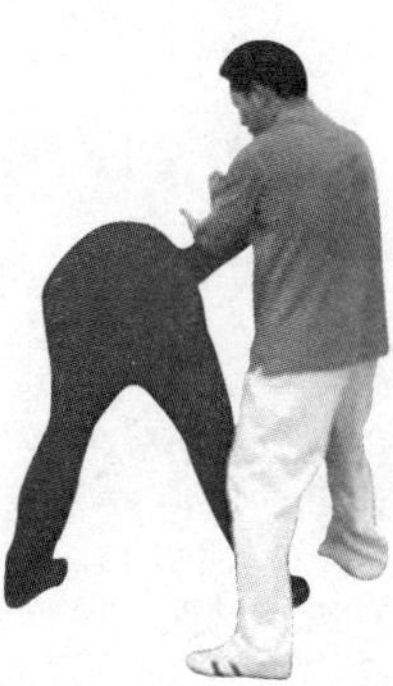
⑥

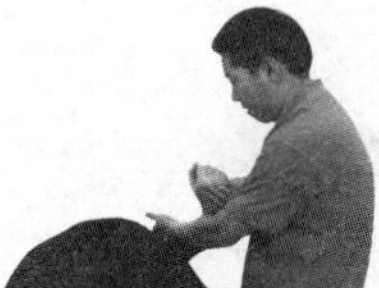
⑥特写

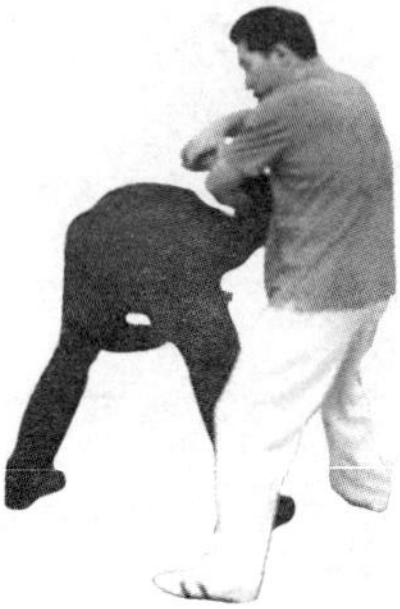

⑦

⑧

⑨

⑩

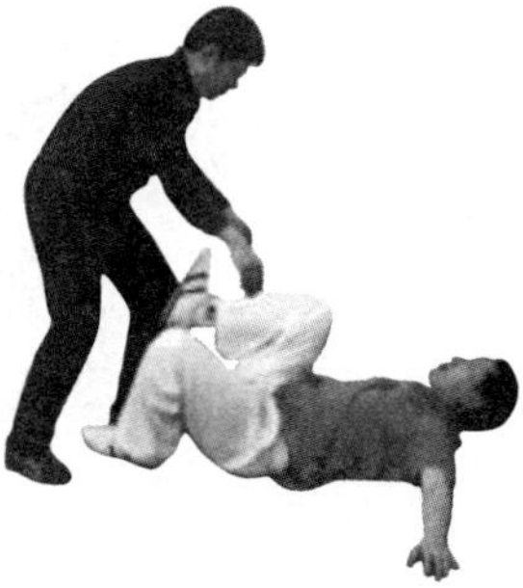

⑪

⑫

⑬

⑭

⑮

⑯ ⑰

图 1-2-5 吕祖缚龙对练

5. **巧女纫针对练**

● **动作一**

甲：右脚上步，右拳击打乙头面部。

乙：微左闪身，左手由外向内格挡甲右拳进攻，左手接触到甲右臂瞬间，速以腰背的合力带动左手臂迫使甲右手臂在身前顺时针划弧线（从甲方的视角看为逆时针划弧线），同时右后脚疾跟步，右手沿甲前臂向前，刁扣其肘关节窝并随身体右转向后捋带（图1-2-6①~③）。

● **动作二**

乙：随后，疾进左步至甲左脚后右侧，向己右侧转体，同时双手合抱其右肘部，向己右侧扳拉，蹬弹左腿，将甲方摔倒。

甲：体前屈，左手臂前伸，手背朝向地面，低头提臀，成前滚翻（图 1-2-6④~⑦）。

● **动作三**

乙：左脚高抬，向下劈砸甲方后，成基本格斗式。

甲：快速站立并转身成基本格斗式（图 1-2-6⑧~⑩）。

①

②

③

④背面

④正面

⑤

⑥

⑦

⑧

⑨

⑩

图 1–2–6　巧女纫针对练

6. 织女纺线对练

● **动作一**

甲：右脚上步，右拳击打乙头面部。

乙：微左闪身，双臂成右前左后的十字手，由外向内格击甲右前臂；随即，微左闪进身，左手随其右拳回收，向前、向左外划弧线，同时右手臂沿甲肘部回挂并翻掌手心向上，顺势向上翻托甲右肘，左手刁扣其右手手掌，乙左手小鱼际向前推顶，迫使甲手腕极度屈（图 1–2–7①~③）。

● **动作二**

甲：左转身，右手臂随着乙的劲力向头侧靠拢，缓解肩肘部的擒拿，上体前屈，左脚后撤步到达乙方的身后，右手翻掌顺势抓握乙左手腕并回拉，左手向前推搓乙右肘关节形成反擒拿（图 1–2–7④~⑦）。

乙：随着甲方的劲力，左转身，左手向后抡劈击打甲方的头部，右手顺势解脱甲的擒拿（图 1-2-7⑧⑨）。

• 动作三

甲：右前脚快速后撤，上体后闪，闪躲乙方的下劈进攻。回收左脚成基本格斗式。

乙：左手下劈不果后，迅速成基本格斗式（图 1-2-7⑩⑪）。

①

②

③

④

⑤

⑥

⑦

⑧

⑨

⑩

⑪

图 1–2–7　织女纺线对练

7. 青龙入洞对练

● 动作一

甲：右脚上步，右拳击打乙头面部。

乙：微左闪身，左脚向前垫步，右脚顺势跟步，双手成三角形（右拳在前，拳心向上，左拳紧随其后）向前上、向右外格挡甲右拳进攻，右手接触到甲右臂时，迅速旋翻右手臂，随即，右手紧贴甲的手臂向前伸缠裹甲肘关节，并向上翻挑甲肘关节，同时左手向上滚搓、下压甲右肘关节，两手形成合力，迫使其肘关节极度内旋（图 1–2–8①~⑤）。

● 动作二

甲：右手臂伸直并顺时针旋转前穿，以解脱乙对己的手臂擒拿。

乙：右手放开甲右手腕，握拳顺势前冲，击打甲的肋部（图 1–2–8⑥⑦）。

- **动作三**

甲：左手下按，阻挡乙右拳进攻，右前脚后撤，身体右转，收左前脚，成基本格斗式。

乙：右拳击空后，右后脚后撤，成基本格斗式（图 1-2-8⑧~⑩）。

①

②

③

④

⑤

⑤特写

⑥

⑦

⑧

⑨

⑩

图 1-2-8　青龙入洞对练

8. 倒拽牛尾对练

• 动作一

甲：右脚上步，右拳击打乙头面部。

乙：微右闪身，右前臂由内向外斩击甲手臂，左手紧随右手后，右手接触到对方手臂后马上旋臂，双手形成左手上右手下的十字手，左脚向前上步，身体右转，左手顺势刁扣并下压甲右手腕部，迫使其右手腕极度屈，右手向上扳甲右臂肘关节，同时乙右脚向后插步，双手合力抱扳甲手臂，使其手臂极度屈肘屈腕（图 1–2–9①~⑥）。

• 动作二

乙：左脚后撤一步，双手向后向下捋带，将甲摔倒，继续锁定其右臂，将其擒拿（图 1–2–9⑦⑧）。

甲：倒地时左前臂要拍击地面，缓解倒地的冲击。

• 动作三

乙：双手控制甲手臂不松，右手前推甲右肘关节，左手回扳甲右手腕，此时甲方肩关节极度外旋，必疼痛难忍，须向右侧滚，缓解肩关节的擒拿。乙动作不停，顺势骑坐甲腰部，右手扣住甲肘关节向上扳，左手手指回勾甲腕关节，左手掌根前压甲右手掌背，形成擒拿（图 1–2–9⑨~⑬）。

• 动作四

甲乙双方站立，行抱拳礼（图 1–2–9⑭⑮）。

①

②

③

④

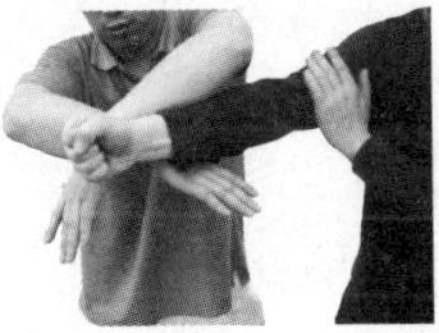

④特写

⑤

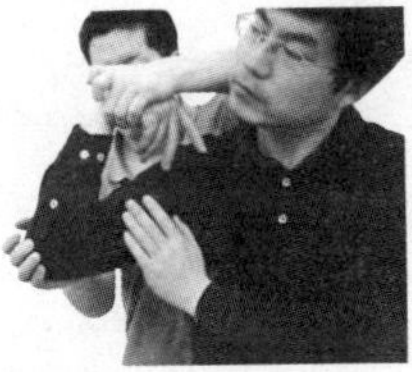

⑤特写

⑥

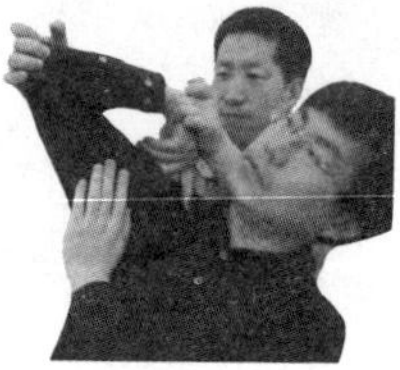

⑥特写

⑦

⑧

⑨

⑩

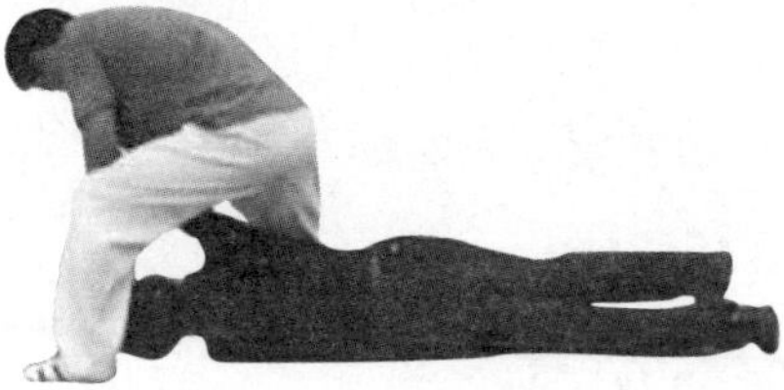

⑪

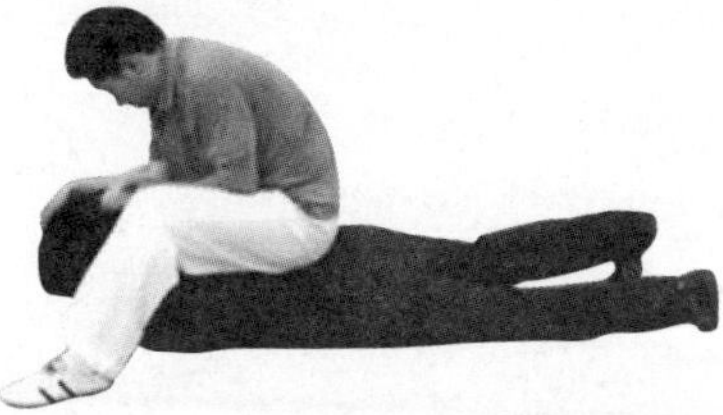

⑫

⑬

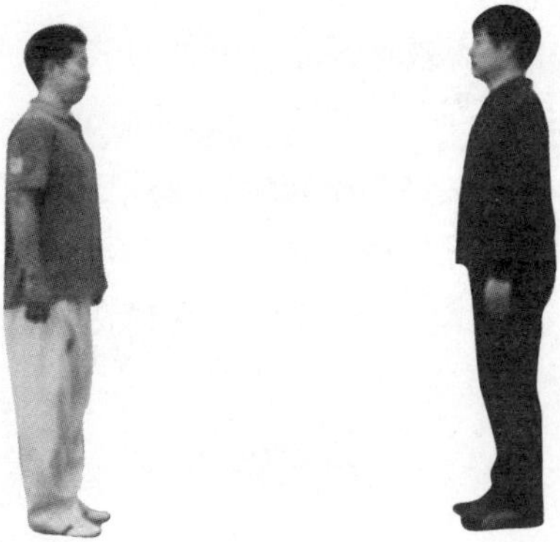

⑭

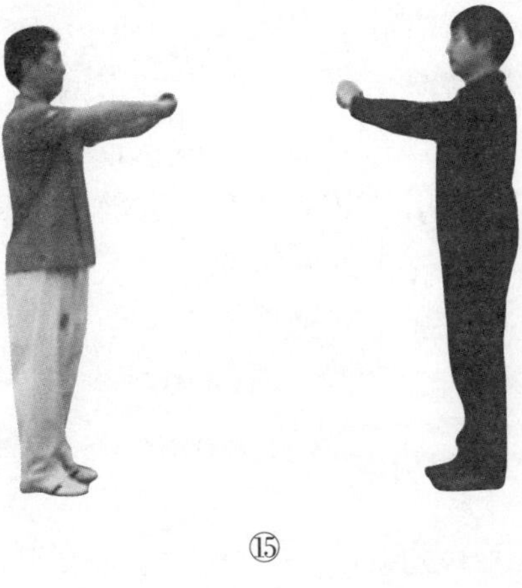

⑮

图 1–2–9 倒拽牛尾对练

第三节　八把上拿实用技术

一、八把上拿实用技术简述

八把上拿实用技术练习有别于单人套路练习和双人对练练习。套路练习的重点在于练习者对技术动作的正确把握和双人对练的配合，八把上拿实用技术的练习则主要是强化技术的实用。下文介绍的实用技术只是每一式的本手技术，每一式还有多种变手技术，也就是对手有技术变化时我方的变化技术。由于篇幅有限下文中不作赘述。

二、八把上拿实用技术动作说明

1. 金丝缠葫芦实用技术

动作过程：基本格斗式（图 1–3–1①），当对方右拳击打我头面部时，我微左转身，双臂成左下右上的十字手，由内向外格击其右前臂，左手接触到对方手臂后，迅速反掌扣手，向后勾挂或捋带其手臂，同时用右掌顺其右臂向前横斩其头部右侧，其左手必格架防守（图 1–3–1②③）；我右手臂不停，疾屈肘，用右肘部向下击压对方右肘窝，同时左肘向前向上叠加助力，使其被动屈肘(图 1–3–1④⑤)；我将对方肘向自己腰间拐带，此时对方右臂前端被我左手和身体阻锁，其肘部旋内，我向右侧转身，转右肩伸右臂，右手沿其右臂下，插向其胸部或咽喉部。我左手前推对方头部，此时我右手臂在其前臂、上臂和胸腹之间，对方右前臂被我上臂和身体固锁，形成上臂内收、肘关节旋内状。我锁定对方上肢运动链子系统，并控制其全身达到擒拿（图 1-3-1⑥~⑧）。

另外，当对方右手抓我胸领时，我也可以使用该技术动作，左手扣锁其右手勿令其脱逃，右肘部向下击压其右肘窝（图 1-3-1⑨~⑪；为提高动作成功率，也可以先做抱头的畏惧状）。

①

②

③

④

⑤

图 1-3-1　金丝缠葫芦实用技术

动作要点：下砸肘窝的动作需要利用胸腰开合的合力，把上体和下肢的力量集中地传递给肘尖。此动作的右手臂用力方向非常讲究，总体来说肘关节的用力是要划一个斜立圆，后半部分的用力重点是要从肘关节过渡到手。另外，我臂要插在对方前臂与上臂之间。最后的擒拿动作，我的身体要正面对着对方，这样容易形成杠杆，利用两端的支点（对方前臂和胸腹）别锁其肘关节，以锁定对方整个上肢运动链系统。

2. **霸王折戟实用技术**

动作过程：基本格斗式（图 1–3–2①），当对方右拳击打我头面部时，我微左转身，右前臂由内向外格击其右前臂，左前臂接触到对方手臂后，迅速逆时针盘裹其手臂，旋拧自己手臂并沿其手臂向前下穿插，抓其裆部或打其腹部，左手置于我头侧保护头部(图1–3–2②③)；对方左手必格架防守，我右手臂不停，疾屈肘回收，将其手臂向自己右肩处夹带，此时对方右臂前端被我左手臂夹锁，迫使其手臂伸直；我左臂微屈向前搓压对方右肘关节，双臂相对、相搓压；同时我右脚向前进步别其右腿，身体右转约90°，左腿崩弹用力（图 1–3–2④⑤）。

①

②

③

④

⑤背面

⑤正面

图 1–3–2　霸王折戟实用技术

动作要点：我右手臂屈肘回收夹锁对方左手臂，左臂微屈向前搓压其右肘关节，迫使其手臂伸直，右脚向前进步别其右腿崩弹用力和身体右转发力四个部位的发力是协调统一的。我双臂对于对方手臂的控制也非常讲究，如果对方手臂产生不同方向的抗力，我双手都有与之相应的技术加以变化。

3. **十字捆实用技术**

动作过程：基本格斗式（图 1–3–3①），当对方伸右手或以右拳击打我时，我进左步，左侧闪，右手由内向外切格其右前臂（图1–3–3②）；在接触对方手臂瞬间，以腰背的合力带动右手臂在身前逆时针划弧线，使其右手臂在其左前方，同时疾翻腕，沿其前臂向后捋带、刁扣其腕；同时我左掌沿其右臂上横击其头部左侧。对方右手被我刁扣，必以左手格架（图 1–3–3③）。此时我左掌翻腕刁扣对方格架之左前臂，疾向自己左腰间带捋；右手不停，刁扣其腕使其前臂上折，沿其左臂肘部外侧向上折压其左肘（向其右侧）。此时，对方两臂相互交叉，自成反关节锁扣（图 1–3–3④）。随后，我疾上右步至对方右脚后右侧，向我左侧转体，同时左手将其左腕向左后侧扳拉，右手将其右前臂推压在其左尖肘部，并用力向下压；同时蹬弹右腿，将对方摔倒，我顺势左膝下跪，击打其头部（图 1–3–3⑤~⑧）。

动作要点：在接手时，我要以腰背的合力迫使对方右手臂在身前划弧线，且一定要使其右手臂在其左前方，否则对方的后手重拳极其容易击打到自己。

此技法要使对方的两臂相互交叉，自己锁自己。要点就是，我左手向后用力拉拽和右手向前推挤对方手臂，两个力量应协调一致。另外，我要同时进右步别锁对方腿，使其无法顺劲变势。

①

②

③

④

⑤

⑥

⑦

⑧

图 1–3–3　十字捆实用技术

4. 吕祖缚龙实用技术

动作过程：基本格斗式（图 1–3–4①），当对方右直拳击打我头面部时，我微左闪身，双手成三角形向前上、向外格挡其右拳进攻（图 1–3–4②）；右手接触到对方右臂时，迅速翻扣手臂，沿其前臂向后捋带并刁扣其手腕，左手藏在右手后，上右脚，左手从其右臂下抽击其头部左侧；此时，对方右手被我刁扣，必以左手格架（图 1–3–4③④）；随后，我左臂沿对方手臂回收，并向后、向上、向前、向下搓滚其右肘部，同时右手前推并旋拧（顺时针）其手腕（图 1–3–4⑤~⑦）；随即，我重心前移，右手向对方身后推其手臂，防止其直臂解脱，左手向我裆部下切其肘关节，使对方右手的上臂与前臂大约成 130°角，右手控制其右腕关节使其手腕极度屈，并向右用力，左手向左，两手形成合力，折其肘关节（图 1–3–4⑧~⑩）。

动作要点：我刁扣对方手腕要迅速，左手藏在右手后才能快速搓滚对方右肘部。我左臂沿对方手臂回收，并向后、向上、向前、向下搓滚对方右肘部时，一定要注意左右手的配合。

①

②

③

④

⑤

⑥

⑦

⑧

⑨

⑩

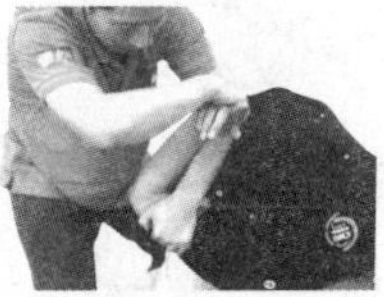

⑩特写

图 1–3–4 吕祖缚龙实用技术

盘肘动作时，我左手的下切要到位，使得对方没有翻身反抗的机会；右手盘其手时要随着身体的左转、右转，或者说是丹田的划弧线（腹部的开合）。若没有身法的配合往往右手会卡住旋转不灵。

5. 巧女纫针实用技术

动作过程：基本格斗式（图 1–3–5①），当对方右直拳击打我头面部时，我微左闪身，左手由外向内格挡其右拳进攻（图 1–3–5②）；左手接触到对方右臂瞬间，速以腰背的合力带动我左手臂迫使其右手臂在我身前顺时针划弧线（从对方的视角看为逆时针划弧线），同时右后脚疾跟步，右手沿其前臂向前，刁扣其肘关节窝并随身体右转向后捋带（图 1-3-5③④）；随后，我疾进左步至对方左脚后右侧，向我右侧转体，同时双手合抱其右肘部，向我右侧扳拉，同时蹬弹左腿，将对方摔倒（图 1-3-5⑤⑥）。

动作要点：我左手由外向内格挡对方右拳进攻时，一定是以腰背的合力控制对方的手臂；进身别摔动作的重点在进身，右手扣住其肘关节的回拉，与垫步进身要协调配合。注意左手要随身体向前推挤对方右前臂，才能确保将其右手臂打成屈肘状，才能顺利进身完成后面的转身别摔动作。

①

②

③

④ ⑤ ⑥

图 1–3–5 巧女纫针实用技术

6. **织女纺线实用技术**

动作过程：基本格斗式（图 1–3–6①），当对方右直拳击打我头面部时，我微左闪进身，双臂成右前左后的十字手，由外向内格击其右前臂（图 1–3–6②）；我左手随对方右拳回收，向前、向左外划弧线，同时右手臂沿其肘部回挂，并翻掌手心向上，顺势向上翻托其右肘，左手刁扣其右手手掌；我左手小鱼际向前推顶，迫使对方手腕极度屈，同时左手向下、向后勾挂、捋带其手臂，造成对方右手臂外旋，形成擒拿（图 1–3–6③~⑤）。随后，我左脚后撤，双手下捋，将对方摔倒，我顺势骑坐其腰部，双手控制其右手臂（图 1–3–6⑥~⑨）。

动作要点：我双臂成十字手格击对方右前臂后，一定要进身随其右拳回收；注意十字手的方向不是直向前，而是斜向右前，主要目的是封堵对方左手拳的进攻。

左脚后撤，双手下捋的动作，要注意右手随下捋动作微有前推的劲力，迫使其右手臂极度外旋并拉伸，会给其造成难以忍受的疼痛。

①

②

③

④

⑤

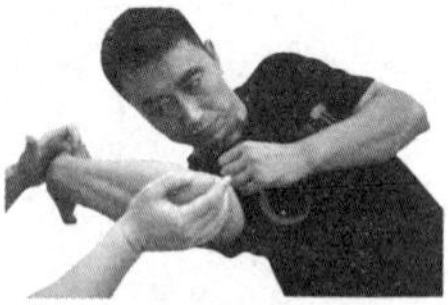

⑤特写

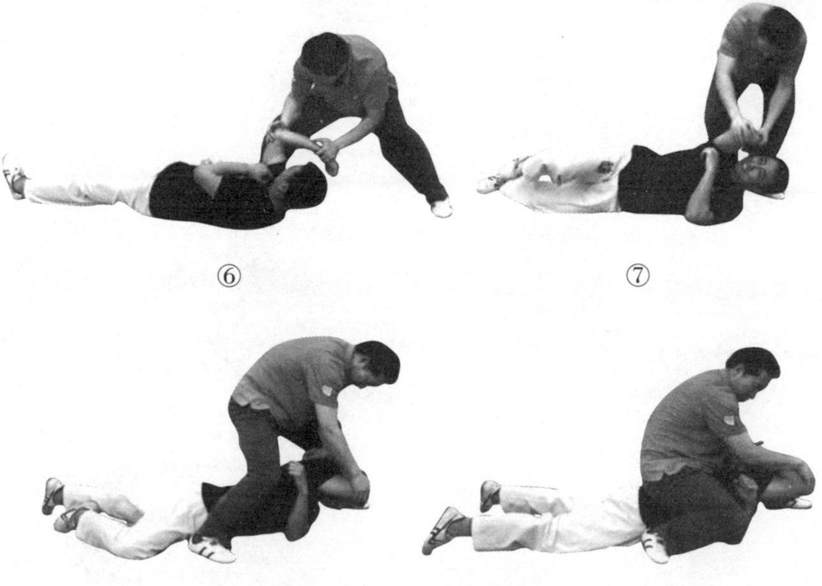

⑥ ⑦ ⑧ ⑨

图 1-3-6　织女纺线实用技术

7. 青龙入洞实用技术

动作过程：当对方右直拳击打我头部时，我微左闪身，左脚向外垫步，双手成三角形（右拳在前，拳心向上，左拳紧随其后）向前上、向右外格挡其右拳进攻（图 1-3-7①②）；我右脚跟步，重心前移，右手接触到对方右臂后，紧贴其手臂迅速前伸并缠裹其肘关节，并向后上翻挑其肘关节；同时左手向上滚搓、下压对方右肘关节，两手形成合力，迫使其肘关节极度内旋。随即，我左脚向对方两腿中间上步，别绊其右腿，我身体右转，欲将对方摔倒（图1-3-7③~⑥）；对方右手臂伸直并顺时针旋转前穿，以解脱我对他的手臂擒拿，右脚撤步（图 1-3-7⑦⑧）；我右手放开对方右手腕，握拳顺势前冲，击打对方的软肋部（图 1-3-7⑨⑩）。

①

②

③

④

⑤

⑥

⑦

⑧

⑨

⑩

图 1-3-7　青龙入洞实用技术

动作要点：我右手臂缠滚对方手臂时，首先要黏住对方的手臂，缠滚时我手臂划弧线幅度要小，速度要快。注意，接手的方向不是直向前，而是斜向右前，主要目的是封堵对方左手拳的进攻。

8. 倒拽牛尾实用技术

动作过程：当对方右拳击打我头部时，我微右闪，右前臂由内向外斩击其手臂，左手紧随右手后（图 1-3-8①）；我右手接触到对方手臂后马上旋臂，双手形成左手上、右手下的十字手，左前脚向前垫步，身体右闪（图 1–3–8②③）；我左手顺势刁扣并下压对方右手腕部，迫使其右手腕极度屈，右手向上扳其右臂肘关节，同时我右脚向后插步，双手合力抱扳其手臂，使其手臂极度屈肘屈腕（图 1–3–8④⑤）；我左脚后撤一步，双手向后向下捋带，将对方摔倒，我继续锁定其右臂，将其擒拿（图 1–3–8⑥~⑧）。

动作要点：接手后，我要向对方的右外侧进身，主要目的是防止其左手拳的进攻。

①

②

③

④

⑤

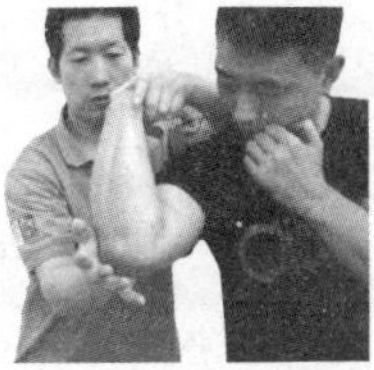

⑤特写

⑥

⑦

⑧

图 1–3–8 倒拽牛尾实用技术

第二章 擒拿柔拳及其实用技术

擒拿柔拳套路是擒拿大家赵大元先生甄选众多擒拿实用技术并借鉴太极拳总体的演练风格而创编的，是赵氏擒拿的经典套路之一。擒拿柔拳是在学习了八把上拿、八把中拿、八把下拿的基础上所研习的擒拿综合性套路，分一路和二路。从套路演练上看，它与连绵不断的太极拳并无两样，但明眼人不难发现本套路的动作细节非常多，它的每个动作都和技击实战密切联系，没有一丝一毫的多余动作。它的技击动作多以擒拿技术为主，是一套实用性非常强、健身效果非常好的经典擒拿套路，也是擒拿进阶的核心套路之一。擒拿柔拳主要练习“气、劲、技、法”。练气是要“气聚丹田，意领至梢，劲随气发”（详见九重天《六合诀》）。练劲主要是要练出整劲、缠丝浑圆劲（详见九重天《五行诀》）和基本功。练技是练习擒拿的各种实用技术（详见九重天《八卦诀》）。练法主要是练习擒拿技术的使用方法和各种技术相互转换的方法（详见九重天《四象诀》和九重天《九宫诀》）。

第一节　擒拿柔拳一路

一、擒拿柔拳一路名称

起势——合转乾坤　　第 一 式　开门祭旗
第 二 式　霸王送客　　第 三 式　横索湘江
第 四 式　攀桂折枝　　第 五 式　捆仙绳
第 六 式　白鲤翻浪　　第 七 式　巧女纺线
第 八 式　玉女捧盘　　第 九 式　天女散花
第 十 式　青龙入洞　　第十一式　吴刚伐桂
第十二式　二郎劈山　　第十三式　狮子滚球

第十四式　力断衡山　　　　第十五式　二龙抢珠

收势

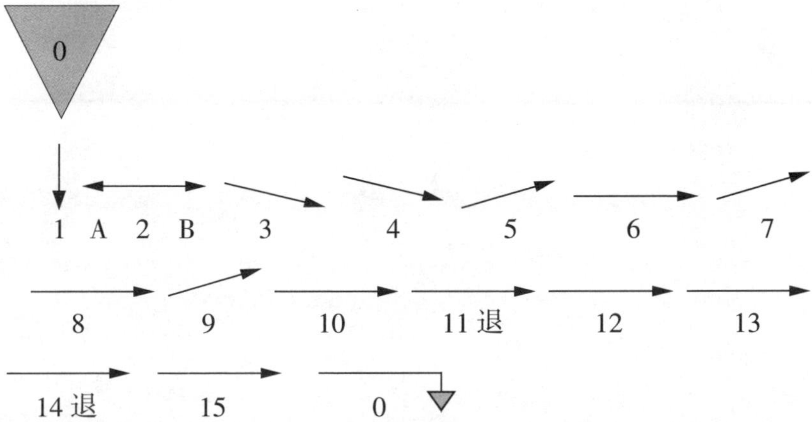

注：箭头方向和三角形小锐角是练习者面向方向，数字 1、2、3 是表示第一式、第二式、第三式等，0 代表起势和收势；A 表示本式中先面向的方向，B 表示本式中后面向的方向，退表示退步。十几个动作示意图应该为一行表示，由于篇幅有限，变成多行表示。

二、擒拿柔拳一路动作精解

起势——合转乾坤

动作过程：左脚开步，缓慢落地、两手臂前上举，与肩齐高时，双手放长，划小圆弧回抱，屈膝按掌，目视前方。尾闾前卷，合臀，气聚丹田，双手放松，以丹田带动双手向左顺时针划圆，至身体中心线时，两肘内夹，右手（中指、无名指和小指）微回勾，用内劲往回捋带，左手掌根用力向前搓推或者向右前上横打(两种的技击含义不同）（图 2-1-1①~⑩）。

①

②

③

④

⑤

⑥

⑦

⑧

⑨

动作要点：注意气沉丹田，手臂放长，手腕不要明显沉腕，劲力要达到手指尖。起式的起手要有重物感，两手是一对对偶力。本式子中最重要的是，双手在最高点时要用力放长并划小圆弧回抱，意念想把天上（乾）的清气回抱入丹田。双手下按时，双脚抓地，尾闾前卷意念想把地中（坤）的清气吸到丹田，而后再旋转丹田，合转乾坤。

⑩

图 2-1-1　合转乾坤

第一式　开门祭旗

动作过程：接上式，左手向右后回带并下按；右手夹肘藏于左臂下，顺势从左臂上向前弧线切斩，过中线后，右手手指回扣（中指、无名指和小指微回勾），右转身，丹田内收，右臂顺时针旋拧并回带，左手向斜前上推，重心移到右脚；左脚跟步，成丁步抱手。随后，左脚上步，双手外撑，成虚步抱手（图 2-1-2①~⑨）。

①

②

③

④

⑤

⑥

⑦

⑧

⑨

图 2-1-2　开门祭旗

动作要点：武术谚语中有“打手不见手”之说，开门祭旗的动作，右手在抽打之前要藏于左手下面，让对方看不见。

第二式　霸王送客

动作过程：接上式，身体向右转，左手提肘，用左手臂向外拦挡；然后，沉肩左手划弧线向前送手，手臂放长，并向前下採；右手藏在左手后，左脚回收，重心移到左脚，右脚上步，右手向前拍击，（对方如果左手拦挡）左手顺势向下采捋，同时我右手大指屈，四指向下，顺势下捋，重心先左移再右移，我右肘贴肋，右手掌根和大指下压，同时左转身，我右臂屈肘向左前推顶（其肘关节），并向上翻托（其肘关节），左手顺势旋拧（其手腕），成虚步托掌（图 2-1-3①~⑪）。

动作要点：擒拿谚语中有“只擒不拿，必遭拙打”之说，擒拿也好，太极拳也罢，都是要擒与拿结合，打与化互化。此动作左手主擒，右手主拿。

①

②

③

④

⑤

⑥

⑦

⑧

⑨

⑩

⑪

图 2–1–3　霸王送客

第三式　横索湘江

动作过程：接上式，左脚微向前垫步，右臂立肘，右手掌由内向外划小圆，向外格挡，右手手指如钩（中指、无名指和小指微回勾），右转身；左前臂向前上搓滚（对方肘部），手心向自己；随即，左手向下切，右手手心向上托起；随后，我右手向对方身后推，右手向右上、左手向左下划弧线（两手形成合力，折其肘关节)，右脚向右前上一步，脚跟点地，两肘相合，双掌成立掌，右手微在上，成虚步双推掌（图 2-1-4①~⑫）。

①

②

③

④

⑤

⑥

⑦

⑧

⑨

⑩　⑪　⑫

图 2-1-4　横索湘江

动作要点：此动作盘锁对方肘的动作细节较多，其中最为重要的一点是左手一定要向下滚切对方肘关节，右手才好盘扣其腕关节。

第四式　攀桂折枝

动作过程：接上式，重心前移，右手由外向内划弧线，随后，左手也由外向内划弧线，拦截对方的直拳进攻，左手格挡之后迅速向外转手掌，使虎口向下，手型如抓住对方手腕；左脚向前扣脚（为右转身做准备）上步，右手前伸，并屈臂向上、向回挑扳（对方右肘），右转身约 45°，注意右前臂边回扳边旋拧，左手向斜下推按；上右脚以脚跟点地（别绊其腿），目视前方（图 2-1-5①~⑧）。

动作要点：右手臂上挑时胸腰是要先合后开再合，并注意右前臂边回扳边旋拧，左手向斜下推按。

图 2-1-5　攀桂折枝

第五式　捆仙绳

动作过程：接上式，右手以鱼际（或用掌根）由内向外横拦（意念：用虎口卡住对方手腕，并顺势逆时针旋裹其手腕），左手紧随右手，藏在右手手腕后；左手用后三指抓握对方右手大鱼际并旋翻其手腕，左脚向前，重心前移，右手向前推（意念想鹰手掐脖），左手下压收至胯侧，成弓步推掌，目视前方（图 2–1–6①~⑧）。

动作要点：拿腕压腕，压腕翻肘迫使对方反关节后，右手再向前掐击对方的脖子。

①

②

③

④

⑤

⑥ ⑦ ⑧

图 2-1-6 捆仙绳

第六式 白鲤翻浪

动作过程：接上式，重心回移，右手前臂前端向左后横拦，左手臂前伸；随后，微左转身，左手立掌向左外、向回扳拉（意念：用大拇指向外向回扳拉对方肘使其弯），同时，右手顺势合力往左外推；随后重心前移，微屈左手大指，左手上翻、向前推压（意念想推对方的肘关节），同时上右脚，成右弓步推掌，目视前方（图 2-1-7①~⑫）。

① ② ③

图 2–1–7　白鲤翻浪

动作要点：左右手的配合是本动作的关键。

第七式　巧女纺线

动作过程：接上式，右手在左手下向前伸，左手向外横拦，双手成十字手型；右手向回用力回拉（意念是右手大拇指向回扳拉对方右肘关节），左手旋拧，手掌心向下；重心前移，左脚成虚步在右脚侧点地；上动不停，左脚向前上步，左右手手心相对逆时针划弧（抱圆的左右手上下互换），右手立掌顺势向前推出，同时身体微左转，目视前方（图 2-1-8①~⑨）。

①

②

③

④

⑤

⑥

⑦ ⑧ ⑨

图 2-1-8 巧女纺线

动作要点：成十字手后，右手不回收，要上步进身。

第八式 玉女捧盘

动作过程：接上式，重心前移，右手向右外拦挡，左手藏在右肘后下；重心后移，左手前伸，大指向下，手心向外成刁手旋拧（意念是刁拿住对方手腕或者手臂，并逆时针旋拧），右脚上前迈半步，右手向下摁压，同时，左手上翘，右手下掰，左脚抬起脚跟着地成虚步（图 2-1-9①~⑤）。

① ②

③ ④ ⑤

图 2-1-9 玉女捧盘

动作要点：左手向上，右手向下，协调用力。

第九式 天女散花

动作过程：接上式，重心前移，用下丹田带动左手向右外横拦，右手翻转手心向自己，藏在左手腕下方；同时，左脚前垫步，重心左前移，左脚踩实，右前臂旋转，右手成刁扣手（意念为刁扣对方右手）；同时，上右脚，左手向前切出（意念是切击对手的头部），手心向下，力达小鱼际；紧随上动，重心向前移，左手逆时针旋拧并微向后用力，同时，右手前伸，手心向左上，翻压对方肘关节，同时，上左脚，脚跟着地，左手在腹前，手心向自己腹部，右手手心向下（图 2-1-10①~⑩）。

动作要点：右手的翻转应该是随着身体的转动，整体用力。在做右手前伸、手心向左上、翻压对方肘关节时，右肘关节要掩肘，注意腰胯送力。

①

②

③

④

⑤

⑥

⑦

⑧

⑨

⑩背面

⑩正面

图 2–1–10　天女散花

第十式　青龙入洞

动作过程：接上式，下丹田用力，左手顺时针划圈，向前拦挡，同时重心前移，右脚跟步收于左脚跟部，左手藏于左肘部；上右脚，脚跟先着地，右臂翻肘划立圆向下砸压，拳面朝上，同时身体右转，左手上臂与前臂折叠，肘关节往上顶翻（意念是翻顶对方右肘关节）；上左步，脚跟先着地，右拳变勾手回旋（意念是刁扣对方右腕，两手合力，翻折对方右臂）；随即，左转身，重心前移，成弓步，右拳向前直冲，目视前方（图 2–1–11①~⑪）。

①

②

图 2-1-11　青龙入洞

动作要点：右手顺时针划弧线是纵轴方向，左肘顺时针划弧线是横轴方向。

第十一式　吴刚伐桂

动作过程：接上式，重心后移，右手立掌向左外拦切对方左直拳进攻，左手紧跟在右肘下面，左手手心向外前伸（意念是顺势刁扣对方左手掌腕部）；重心前移，右手向前横切（意念是我顺势下捋并抓扣对方右手手掌部），双手由内向外划弧线并向前、向上推送；同时，上右脚，脚跟着地，当旋拧前送对方手臂时，我重心也前移。随后，翻掌下採，同时重心后移，右脚尖勾起，目视前方（图 2-1-12①~⑨）。

①　②　③

④　⑤　⑥

⑦ ⑧ ⑨

图 2-1-12　吴刚伐桂

动作要点：右手横切后，要迅速地捋带并抓扣对方手臂。

第十二式　二郎劈山

动作过程：接上式，我微右转身，右手向后回捋，左手向右上格挡，右手不停，向前向上钻翻，微左转身，重心前移至右脚；上左步右转身，右手向右后上翻裹，左手横掌在胸前防护；上右步，重心前移，右手拳向下掼砸（意念是右拳从对方下颌砸击到裆部）；重心继续前移，上左步，脚跟点地，左手横掌向左下用力撕拽，右手在下由拳变掌向右上提拽，成右手在上，掌心向下，高与肩齐，左手在腹前，掌心向上，目视前方（图 2-1-13①~⑪）。

① ②

图 2–1–13　二郎劈山

动作要点： 右拳向下掼砸时，身体要有意识地前冲。

第十三式　狮子滚球

动作过程： 接上式，重心前移，左脚踩实，微左转身，双手成十字手型(左手在上横掌，右手在下虎口向上）前伸，同时上右步；随后，左右手逆时针划弧线，上下互换；微左转身，重心后移，双手下捋，右手在上手心向下，左手在下手心向上，两掌相对，右脚尖翘起（图2–1–14①~⑦）。

①　②　③　④　⑤　⑥　⑦

图 2–1–14　狮子滚球

动作要点：此技术动作有一些动作的细节非常重要，如：右臂前伸时，肘关节要有下沉的意念，防止对方的格挡。双手滚球时右手掌根和左手的手指要形成一组对偶力，意念是旋转对方的头。

第十四式　力断衡山

动作过程：接上式，重心前移，右脚踏实，微右转身，双手向前、向上挤出，右手掌心向自己，左手紧随右手后；左脚跟半步，左手在右手下（意念是上翻前抓对方右手手掌或腕部，逆时针旋拧其手臂）；同时，右手前伸，并向自己腹部，下切对方手臂；同时，左脚后撤，脚尖勾起成虚步，左手在腹前手心向上，右手手指向下，在左膝盖处，目视前方（图 2-1-15①~④）。

①　②　③　④

图 2-1-15　力断衡山

动作要点：此动作左脚也可以上一大步再后撤，主要是根据敌我双方的距离和位置。

第十五式 二龙抢珠

动作过程：接上式，重心前移，左脚微向前垫步并踩实，双手握拳，小指相对，从腹前钻裹向上，双肘上挑、外翻、下压，随即上右步，双拳拧裹从两侧向中间打出。重心前移至右脚，双拳变掌，跟步前推，目视前方（图 2–1–16①~⑧）。

动作要点：双手臂的缠裹劲要与胸腰的开合相一致。

①

②

③

④

⑤

⑥ ⑦ ⑧

图 2–1–16 二龙抢珠

收势

动作过程： 重心微后移，右转身约 90°，右脚向右微上步，双手外展，并由外向内划弧线，双手交叉于胸前，手心向上；随后，分手下落，气归丹田（图 2–1–17①~⑧）。

动作要点： 力达手指尖，不要过分地伸腕。

① ② ③

图 2–1–17　收势

三、擒拿柔拳一路实用技术精解

（一）开门祭旗的实用技术

开门祭旗

动作过程：当对方右直拳击打我头面部时，我微左闪身，左手立肘由外向内格挡其手臂（图 2-1-18①）；身体微左转，丹田收紧，右手弧线向前用掌根的小鱼际切击对方颈部，并顺势向前、向外刁扣住其左耳后的颈部大动脉部（图 2-1-18②③）；身体右转，右肘关节下压，右手向我裆部回刁，用左手掌抵住对方下颌，旋拧其头部，将对方摔倒（图 2-1-18④⑤）；右手回勾，左手前搓其下颌部（图 2-1-18⑥⑦）。

①

②

③

④

⑤

⑥

⑦

图 2-1-18　开门祭旗的实用技术

动作要点：开门祭旗的前半部分是盘打技术，要点是以腰带手，盘打快速；后半部分是锁头技术，要点是近身进手（要有向前搓压的动作），如对方用左手防守，我右手前搓也可以破解其防守；之后的沉肘、合肘动作要同时旋拧手臂，右手指对其颈部的扣锁，要有一定的杀伤力。

变式1　双盘打

动作过程：当对方右直拳击打我头面部时，我微左闪身，左手立肘由外向内格挡其手臂（图 2-1-19①）；身体微合，丹田收紧，左转身，右手弧线向前用掌根的小鱼际切击对方颈部，如对方快速用左手格挡住我的右手进攻（图 2-1-19②）；我右手顺势刁扣对方的手臂，并顺势回拉，身体右转，左手向前击打其头面部（图 2-1-19③）。

动作要点：双盘技术要以腰带手，转动灵活，盘打快速、有力。

①

②

③

图 2–1–19　双盘打

变式 2　鱼鹰刁手

动作过程：当对方右直拳击打我头面部时，我微左闪身，右臂立肘向前、向外格挡对方手臂，顺势划弧线（顺时针）刁扣其手腕部，并旋拧其手臂，使其手心向上（图 2–1–20①~③）；我右手除了大拇指和食指之外的三个手指刁扣住对方腕部，我右手沿我手臂向前向上推出，用小鱼际推顶其右手掌背根部，左手向前下推搓其手背，使对方手腕极度屈，形成擒拿（图 2–1–20④⑤）。

①

②

③

④

⑤

⑤特写

图 2-1-20　鱼鹰刁手

动作要点：鱼鹰刁手的刁扣手位置是对方手腕的脉门处，左手一定要紧随右手后，及时前推。我右臂格挡对方手臂后要顺势顺时针划弧线，要考虑到封堵对方左后拳进攻。我右手刁扣住对方手腕后，左手的前推并不是直线向前，而是根据对方的体位，弧线控制住对方的身体重心。

变式 3　鱼鹰刁肘

动作过程：当对方右直拳击打我头面部时，我微左闪身，右臂微立肘，左手紧随右前臂后，双手成三角形向外格挡对方手臂，并顺势划弧线（顺时针）刁扣其肘窝，右手回刁与左手向上掀其肘同时用力，并与右转身相配合（图 2–1–21①②）；左手向下滚切对方肘，同时上左脚别绊其双腿，由于对方双腿被我绊住，不能移动，直接造成其右肩关节和腰部受伤（图 2–1–21③~⑤）。

动作要点：刁肘位置是肘关节窝，右手回刁与左手的上翻对方肘动作要协调一致，同时双手动作和上步别腿动作要协调。

①

②

③

④

⑤

图 2-1-21　鱼鹰刁肘

（二）霸王送客的实用技术

霸王送客

动作过程：当对方右直拳击打我头面部时，我微左闪身，左臂立肘（肘尖向上，手向下），左手紧随右前臂后，双手由外向内格挡其右拳进攻（图 2-1-22①）；随后，微进身，左肘向上、向前旋抬，右手顺势划弧线抽击其头侧部，如果对方左手格挡防守，我左手顺势向下，捋带其左前臂，同时上右步，右手由上而下拍击对方头部（图 2-1-22②~⑤）；如果对方低头躲闪，或者以右手臂格挡，我右手顺势沿其上臂向下捋带，右手大指成立指（大指如钉子，力达指尖）下压其左肘关节窝（图 2-1-22⑥~⑧）；随即，左转身，右手向外横拨对方肘，并向上托举，同时左手与右手配合，右手向上翻托其肘关节，左手顺势旋拧其手腕，形成对偶力，使对方手臂屈肘外旋；我右肘外顶，用右肩顶对方肩胛骨位置，身子继续向左旋转，双手向下扳压其手臂，身体快速前屈，用力弹打其臀部形成反关节的过背摔，右膝顺势下跪其胸腹部（图2-1-22⑨~⑬）。

①

②

③

④

⑤

⑥

⑦

⑧

⑨

⑩

⑪

⑫

⑬

图 2-1-22　霸王送客的实用技术

动作要点：提肘格挡要侧身防止对方的后手重拳，另外防守的时机不应过早，以免对方改变方向击打我的肋部空当。右手向上翻挑对方肘关节时要划圆同时大指成立指，下压其左肘关节窝。过背摔时，右肩顶靠对方肩胛骨后面“冈下肌下缘”位置要准确，身体重心要下沉，我臀部要在对方腰部以下，并用我臀部快速向后上弹打，形成反关节过背摔。

变式　顺水翻舟

动作过程：当我左手抓握对方左手手腕，右手控制其肘关节时，我身体微向左转，右手顺势下压、向外横拨、向上挑其左肘关节，左手向下按压其手腕，形成身侧押解动作（图 2–1–23①~④）。

动作要点：最后形成擒拿时注意，我左手为第一点，我右肘关节控制对方左肘关节为第二点，我右肩要顶靠其肩部为第三点，三点形成稳定的三角形结构才可以形成身侧押解动作。

①

②

③

④

图 2-1-23 顺水翻舟

（三）横索湘江的实用技术

横索湘江

动作过程：当对方右直拳击打我头面部时，我微左闪身，双手成三角形向上向前外格挡其右拳进攻，右手接触到对方右臂时，迅速刁扣其手腕，左手藏在右手后，手心向自己，以左臂外侧向前上搓滚对方右肘部（图 2-1-24①~③）；同时右手旋拧（顺时针）对方手腕，重心前移，随后，我右手向其身后推其手臂，防止其直臂解脱，左手向我裆部下切其肘关节，使其右手的上臂与前臂大约成 130°角，右手控制其右腕关节使其手腕极度屈，并向右用力，左手向左用力，两手形成合力，折其肘关节（图 2-1-24④~⑧）。

动作要点：刁扣对方手腕要迅速，左手藏在右手后才能快速搓滚对方右肘部。盘肘动作时我左手的下切要到位，使得对方没有翻身反抗的机会；右手盘对方手时要随着身体的左转、右转或者说是丹田的划弧线（腹部的开合）。若没有身法的配合，右手往往会卡住旋转不灵。

①

②

③

④

⑤

⑥

⑦　　⑧　　⑧特写

图 2–1–24　横索湘江的实用技术

变式　浪断巫山

动作过程：当对方右直拳击打我头面部时，我微左闪身，双手成三角形向上向前外格挡其右拳进攻，右手接触到对方右臂时，迅速刁扣其手腕，左手藏在右手后，手心向自己，以左臂外侧向前上搓滚对方右肘部（图 2–1–25①②）；如果对方沉肘抵抗我向上的力量，我肘关节则顺势下沉，左脚微垫步，向左转身，左肘上挑，左手搭扣在右手上向下扳压，形成合力，迫使对方右肘关节极度内收，形成反关节，右脚后插步，身体快速前屈，用力弹打其臀部形成反关节过背摔，左膝顺势下跪其头部，将其擒拿（图 2–1–25③~⑧）。

动作要点：如果对方沉肘抵抗我向上搓滚的力量，我肘关节则顺势下沉，这个技术环节需要很强的听劲能力，动作过快或过慢都不能达到较好的效果。身体重心要下沉（我臀部要在对方腰部以下）并用我臀部快速弹打形成过背摔。

①

②

③

④

⑤

⑥

⑧

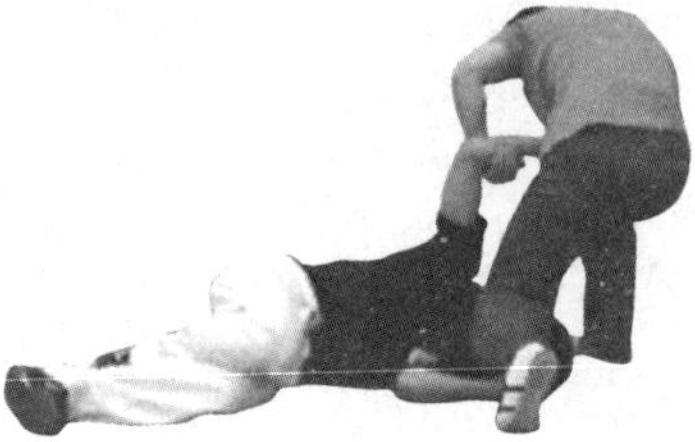

⑨

图 2–1–25　浪断巫山

（四）攀桂折枝的实用技术

攀桂折枝

动作过程：当对方右直拳进攻我头面部时，我左手立肘向外挡开对方右手进攻，接触到对方手臂后劲力不断，粘连黏随其手臂并迅速转手掌使虎口向下抓扣其手腕（图 2–1–26①②）；左脚进步，脚尖微扣脚（为右转身做准备），右手前伸，并屈臂向上、向右后扳打对方右肘关节，右前臂边回扳、边旋拧，左手刁扣住对方手腕并向斜下推按形成腕部擒拿（图 2–1–26③~⑤）；上右脚以脚跟向上别绊对方左腿，身体向右转，左手向上、向前再向下推折对方手腕，右手手指回扣，意念想往裆里卷对方肩关节（图 2–1–26⑥⑦）。

动作要点：右手臂上挑时，胸腰是要先合后开再合，使把身体更多的肌肉参与到此技术动作中，才能容易把对方的右臂打成弯曲状态。

图 2-1-26 攀桂折枝的实用技术

变式 暗流翻舟

当对方右直拳进攻我头面部时，我左手臂立肘由外向内格挡对方右手进攻，接触到对方手臂后劲力不断，粘连黏随其手臂并迅速转手掌，使虎口向下顺势抓扣对方手腕（图 2–1–27①~③）；左脚进步，右手前伸，并屈臂向上扳打对方右肘关节，如果对方沉肘抗力，我上挑不果，右手则顺势逆时针扳旋其肘关节；右脚向对方裆下，扣脚上步，随即左转身，左手回扳其手，右手前推其肘，右腿崩弹其腿，将其摔倒，并顺势下跪其腰部，双手控制其右臂不松，向上扳其肘，形成擒拿（图 2–1–27④~⑥）。

①

②

③

④

⑤

⑥

图 2-1-27 暗流翻舟

动作要点：如果对方沉肘抵抗我向上挑翻的力量，我肘关节则顺势下沉横扳其肘，这个技术环节需要很强的听劲能力；此动作除了双手配合以外，更应该注意身体的开合。

（五）捆仙绳的实用技术

捆仙绳

动作过程：当对方右直拳进攻我头面部时，我身体微右闪，用右手小鱼际由内向外横切对方右拳，并顺势逆时针旋裹其手腕；此时左手藏在右手手腕后，用左手后三指（中指、无名指和小指）抓握对方右手大鱼际，拇指如钉子顶压在其右手手背的掌骨骨缝中，右手屈腕前顶与左手合力旋翻、前压对方右手腕，使其右臂极度外旋，右腕极度屈（图 2-1-28①~③）；重心前移，右手向前推击对方头部或颈部，形成擒拿（图 2-1-28④~⑥）。

动作要点：外横切对方右拳时要凶狠并顺势逆时针旋裹其手腕；此时左手需要紧随右手手腕后，方便抓扣其手。旋翻对方手腕一定要到位，使其右臂极度外旋，否则对方的后手重拳将给自己致命一击。

图 2-1-28　捆仙绳的实用技术

变式　逆水推舟

当对方左拳击我头部时，我微右闪，右前臂由外向内斩其手臂，并迅速划弧线圈翻其左臂，左手紧随右手后并顺势刁扣对方左手腕（细节是用左手拇指如钉子顶压在其右手手背的掌骨的骨缝中，其余四指抓握其左手小鱼际），右手旋掌向前推顶（或者屈腕前顶）与左手合力旋翻、前压对方左手腕，使其左臂极度外旋，左腕极度屈（图 2–1–29①~④）；右手随即沿对方左臂向前，推击其头颈部，同时左手手指向后勾带，两力形成对偶力，对方必疼痛难忍被我擒拿（图 2–1–29⑤）。

①

②

③

④

⑤背面

⑤正面

图 2–1–29　逆水推舟

动作要点：在刁扣对方手时，两只手一定要紧随，并在瞬间形成小十字手，右手旋其手臂恰好将其手掌送到我左手中，两手一上一下形成合力。

（六）白鲤翻浪的实用技术

白鲤翻浪

动作过程：当对方右直拳进攻我头部时，我身体微左闪，双手同时前伸，右手前臂前端向外拍挡对方手臂后迅速抓握其手腕，同时左手前伸至其右肘下，以大拇指向我左外拉其肘窝部，配合右手前推使其手臂弯曲（图 2–1–30①~③）；上右脚以脚跟向上别绊对方左腿，

①

身体向右转，左手顺势上翻再下推压其肘关节，右手回扳其手，重心前压，将其摔倒，双手不停，左手前推，右手回拉其手腕，形成擒拿（图 2–1–30④~⑦）。

②

③

④

⑤

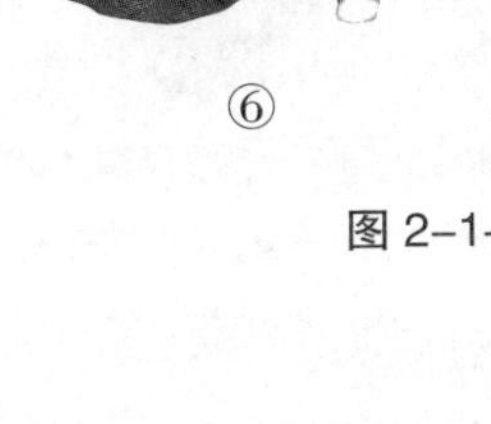

⑥

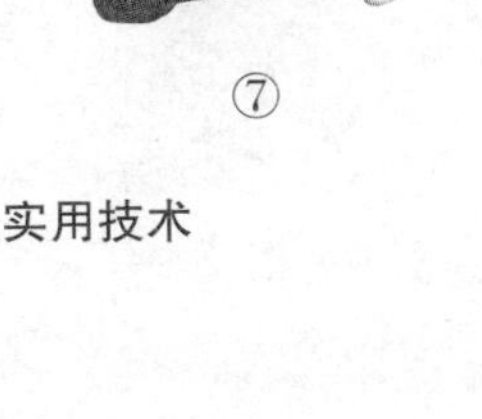

⑦

图 2–1–30 白鲤翻浪的实用技术

动作要点：双手的协调用力是重点，但关键是用力的方向。在旋翻对方肘关节的过程中，对方必有所反抗，所以用力的方向要有变化。

（七）巧女纺线的实用技术

巧女纺线

动作过程：当对方右直拳击我头部时，我上体微左闪的同时，双手成阳十字手（右手在前下，左手在后上）由下向前向上格挡对方直拳；随即，微进左步，左手向前推其右手腕部，随即旋拧、扣压其腕部，同时右手前臂向后下挂拉其右臂肘部，左右手形成对偶力，迫使其手臂弯曲（图 2–1–31①~③）；上动不停，右手前臂用力向前推

①

②

③

击其头部，使其肘部极度外旋，左手回拉，同时右手前推，两手形成合力造成肘关节擒拿（图 2–1–31④⑤）。

④　　　　⑤

图 2–1–31　巧女纺线的实用技术

动作要点：成十字手的双手协调用力将对方的肘关节打起来，使其上臂与前臂基本上处于一个平面，这时右手才可以前伸进攻。

（八）玉女捧盘的实用技术

玉女捧盘

动作过程：当对方右直拳击我头部时，我上体微右闪的同时，右手向右外挡开对方直拳，左手成小拳直击对方的咽喉部，或者前伸抓扣其锁骨窝（大指在下向上抓扣其腋窝，其余四指在上向下抓扣其锁骨窝，图 2–1–32①~③）；如果对方左手格挡防守，我左手由内向外弧线缠绕其右臂，并向上扳挑其肘关节，同时右转身，右手虎口冲前下摁压其手掌小指侧，左手上挑，右手下掰，左腿起脚蹬踹其右腿膝关节窝（图 2–1–32④~⑦）。

图 2-1-32　玉女捧盘的实用技术

动作要点：我左手弧线缠绕对方右臂，并向上扳挑其肘关节时，转身要迅速，挑肘要使用腰腹力量，动作要到位；整个动作要时刻防范对方左手拳的进攻。

（九）天女散花的实用技术

天女散花

动作过程：当对方右直拳进攻我头面部时，我左手搭在右手上方成三角形，向右前挡开对方直拳进攻，随即右手旋翻迅速抓握其手腕，微右转身，左手顺势弹出击打其脸部直接造成杀伤（图 2-1-33①②）；如果对方左手拦挡，我左手可趁势抓扣对方左手腕并向左外捋带，右手顺势前伸，托翻其肘，并向左前下推压，同时右脚上步向后磕绊对方左前脚，将其摔倒，双手不停，右手前推，左手回拉其手腕，形成擒拿（图 2-1-33③~⑧）。

动作要点：我在做左手抓扣对方手腕，右手顺势托翻其肘并向前下推压的动作时，要进身（主要目的是增加力量），右肘关节内掩，借助身体力量协调用力上托其肘。

①　　　　②

图 2-1-33　天女散花的实用技术

（十）青龙入洞的实用技术

青龙入洞

动作过程：当对方右直拳击我头部时，我双手成三角形由下向上、向前格挡对方直拳进攻，左手紧随右手后（图 2-1-34①）；随即，微右转身，右拳顺时针缠裹对方前臂，左手往上顺时针滚搓、下压对方右肘关节，两手形成合力，迫使其肘关节极度内旋，同时左脚上步别绊其左腿（图 2-1-34②~⑤）；如果对方左腿回撤并抬肘反抗，我右拳则可以顺势前冲，击打对方的软肋部（图 2-1-34⑥⑦）。

①

②

③

④

⑤

⑥

⑦

图 2-1-34　青龙入洞的实用技术

动作要点：右拳顺时针缠裹对方前臂的前提条件就是要黏住对方的手臂，对方出拳落空后，势必要回收，所以要顺势进身手臂随住其手臂并快速缠裹形成擒拿。

（十一）吴刚伐桂的实用技术

吴刚伐桂

动作过程：当对方左直拳进攻我头面部时，我右手臂立肘向左外拦切对方左直拳进攻，左手紧跟在右手后面，同时微左转身，左手手心翻转向外，顺势刁扣对方左手掌腕部，右手顺势弹出，击打其脸部直接造成杀伤（图 2–1–35①~③）；如果对方右手拦挡，左手可趁势抓扣对方右手腕部，两手旋翻并向回捋带，迫使其手臂极度内旋，同时右腿屈膝上抬，进攻其腹部（图 2–1–35④~⑦）。

①

②

③

④

⑤

⑥

⑦

图 2-1-35 吴刚伐桂的实用技术

动作要点：双手抓握住对方手腕后，必须向两侧分拉、旋拧其手臂，并要一上一下地扳压，使其手臂成直臂互为撬杠，才能形成擒拿。

变式 伐木断根

上动相同，我双手抓握对方手掌部，双手都是拇指扣其手掌的小鱼际，其余四指抓扣其手掌的大指侧；我旋臂旋拧对方手臂，使其手臂交叉，小指向上极度外旋。同时，上右脚，脚尖勾起，蹉踢其左腿胫骨（迎面骨）（图 2-1-36①~③）。

①

动作要点：双手不要抓对方的手腕，而是抓握其手掌部，旋拧其手掌效果会更明显。此动作要比吴刚伐桂的实用动作更加注重旋拧动作。另外，旋拧对方手臂的同时，右手有向下的力量，左手有向上的力量，固定其双臂，使其难以反抗化解。

②

③

图 2–1–36　伐木断根

（十二）二郎劈山的实用技术

二郎劈山

动作过程：当对方右直拳进攻我头面部时，我双手成三角形立肘向右外拦挡对方右直拳进攻，左手紧跟在右手下面，同时微右转身，右手臂向外旋滚，左手向右格挡（图 2–1–37①②）；右手不停向前向上钻翻，微左转身，重心前移至左脚，上右步，右手拳向下掼砸（从其下颌到腹部，图 2–1–37③④）；重心继续前移，上左步，左手横掌抓对方头发或者推扣其咽喉，向左下用力撕拽，同时右手在下由拳变掌，抓其阴部和大腿内侧，向右上提拽，两手形成合力，左转身，将对方摔倒（图 2–1–37⑤⑥）。

①

②

③

④

⑤

⑥

图 2-1-37　二郎劈山的实用技术

动作要点：右手接手后的旋滚，并要有向后的捋劲；进步栽拳时，身体要有前冲力才更容易将对方摔倒。

（十三）狮子滚球的实用技术

狮子滚球

动作过程：当对方右直拳击打我头部时，我微左侧闪，双手成三角形向前向右外拦挡对方直拳，上动不停，右手向下压按并向后捋带其右臂，同时左手横切其头面部；随即，我左手扣抓其眉眼部并向左下按压，同时左手前挫其下颌骨的骨角，双手合力逆时针旋拧对方头部，形成反关节擒摔（图 2-1-38①~⑦）。

①

②

③

④

⑤

⑥正面

⑦侧面

图 2-1-38　狮子滚球的实用技术

动作要点：右手接手后要翻掌后捋，使对方的右手不容易轻易回收；左手斩切对方头部后，劲力不断，继续向前下推压其头部。

（十四）力断衡山的实用技术

力断衡山

动作过程：当对方右手直拳击打我头面部时，我双手成三角形向前向上挤出，右手掌心向自己，左手紧随右手后；左手上翻抓扣对方右手手掌或腕部，逆时针旋拧其手臂，使其右臂极度外旋，同时，右手前伸，并向我腹部下切其手臂，后脚后撤，形成擒拿（图 2–1–39①~④）。

图 2–1–39　力断衡山的实用技术

动作要点：双手要一起防守，或者说左手抓握的意识应该更早，这样才容易抓握住对方的右手腕。

变式　力劈华山

当对方左手直拳击打我头面部时，我双手成三角形向前向上挤出，左手紧随右手后；左手上翻抓扣对方左手手掌或腕部，逆时针旋拧其手臂，使其左臂极度内旋，同时，右手前伸，并向我腹部右侧下切其手臂，后脚后撤，形成擒拿（图 2–1–40①~④）。

动作要点：抓握住对方的手腕后的旋拧幅度要大。

图 2–1–40　力劈华山

（十五）二龙抢珠的实用技术

二龙抢珠

动作过程：当对方双手掐我喉咙时，我双臂身前并拢从腹前钻裹向上、肘关节向外格挡对方的双臂，同时重心前移，双手前掤、旋翻、下压其手臂；随即双掌从两侧拍击其耳部；双手也可以扣其眼睛，化解对方的进攻。此动作是女子防身的常用技术（图 2-1-41①~⑧）。

①

②

③

④

⑤

⑥

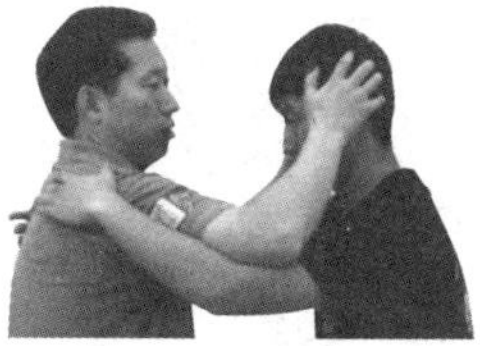

⑦

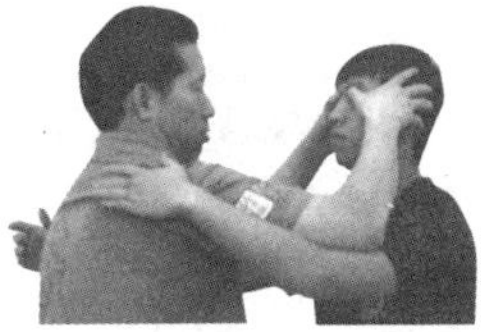

⑧

图 2–1–41　二龙抢珠的实用技术

动作要点：双手上挑、前掤、旋翻、下压对方手臂的劲力转化要衔接顺畅。

变式　双峰贯耳

当对方左手直拳击打我头面部时，我双手成三角形向前向上挤出，左手紧随右手后；右手旋滚下压对方右臂，同时左脚上步进身，双拳变掌一前一后击打其耳部（图 2–1–42①~④）。

动作要点：右手臂接触到对方右手臂后，要有前掤、滚搓、下压、后捋等多种劲力，而且这些劲力要与“命门”穴相呼应。

①

②

③

④

图 2-1-42　双峰贯耳

第二节　擒拿柔拳二路

一、擒拿柔拳二路名称

第一式　二龙戏珠　　　　第二式　李逵摔斧

第三式　怀中抱月　　　　第四式　犀牛分水

第五式　五龙绕柱　　　　第六式　子路负米
第七式　丁字枷锁　　　　第八式　蛇蛟翻身
第九式　灵蛇入洞　　　　第十式　黄龙转身
第十一式　凤凰展翅　　　第十二式　鹞子入林
第十三式　精卫填海　　　第十四式　无常敲门
第十五式　合抱乾坤

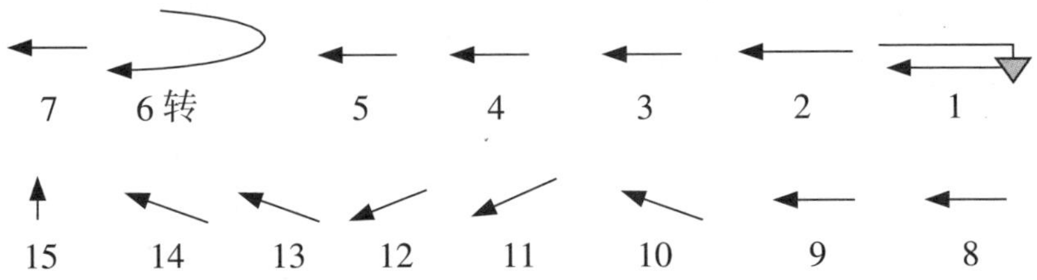

注：箭头方向是练习者面向方向，数字1、2、3表示第一式、第二式、第三式等；转表示转身。十几个动作示意图应该为一行表示，由于篇幅有限，变成两行表示。

二、擒拿柔拳二路动作精解

擒拿柔拳二路的演练可以单独起势开始，也可以接一路继续进行。

第一式　二龙戏珠

动作过程：接双手前推，左手向右拦挡对方，右掌变拳向内向上弧线上翻，同时左后脚扣上步，右转身180°，右手拳背向下砸击，右脚在前成虚步。随后，右脚微向前垫步，同时左手向右前推挡，右手从我左手上顺时针向前向右横切。我双手放长前伸（右手在上，左手在下），右手指回勾，右肘下沉，同时左手伸长回扳，双手合力顺时针旋拧（意念是旋拧对方头部），并双手用力向左斜下回带，目视前方（图 2-2-1①~⑧）。

①　②　③　④

⑤　⑥　⑦　⑧

图 2-2-1　二龙戏珠

动作要点：右手臂防守时，肘关节要上抬，黏住对方手臂，再砸击对方（武术谚语是：“肘为棍，手为鞭”），同时左手立掌在肋部，有意识地防护自己的肋部。右手回勾时，右手前臂要旋滚。

第二式　李逵摔斧

动作过程：接上式，双手回捋，重心微后移，随后，双手向前，右手手背向前（意念是右手反背抽击对方的头部），左手在右手下，紧随之；左手前伸，手心向前，左手逆时针旋拧，同时我右手立掌向回、向下切挂（意念是挂切对方的左前臂，如同摔斧）。同时，左脚退一小步，右脚回撤成虚步，目视前方（图 2-2-2①~⑤）。

①　②　③

④　⑤

图 2-2-2　李逵摔斧

动作要点：摔斧的最后动作，双手应向自己的腰右侧方向发力。

第三式　怀中抱月

动作过程：接上式，右脚向前垫步，微外摆，右手由内向上向外划弧线(意念是缠裹、刁扣对方右手腕)，左手紧随右手之后，重心前移，上左步，右转身，左脚跟步，收在右脚处，左手向下（意念是沿对方右臂下向上滚搓其肘部)，随即向后与右手合抱于我胸腹前（意念是双手合抱对方右手臂，使其右手臂肘窝向上成反关节状)。随后，左脚上步，重心前移，成弓步分手，目视前方（图 2-2-3①~⑤)。

①

②

③背面

③正面

④背面

④正面

⑤背面

⑤正面

图 2-2-3　怀中抱月

动作要点：双手合抱力量向下打对方手腕，我左肘部用力方向是向斜上，两者形成对偶力。

第四式　犀牛分水

动作过程：接上式，微左转身，重心前移，右脚跟步，两脚合并，右手向前、向下做弧形下插，随即掩肘向前上穿挑，左手向后、向下按，两臂同时分展，同时重心前移。上动不停，重心后移，右手向左下弧形扣压，左手微向前上，形成勾脚虚步抱插手，目视前方（图 2-2-4①~⑩）。

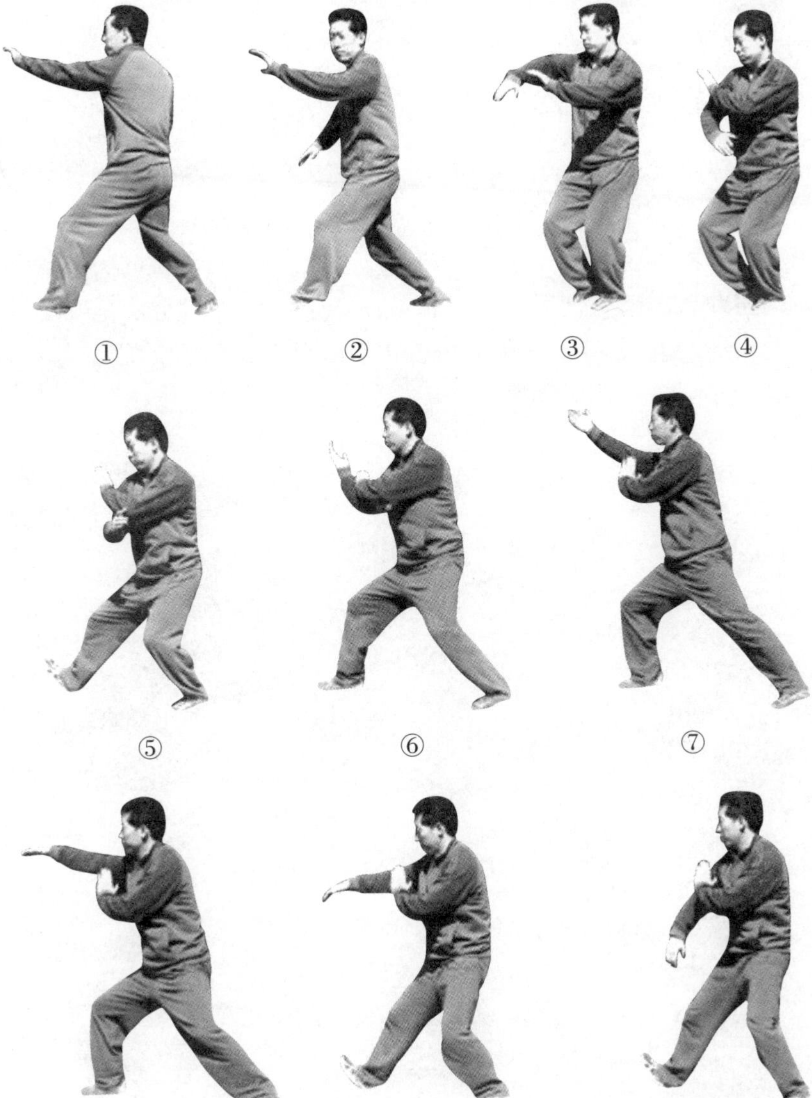

图 2–2–4　犀牛分水

动作要点：右手前穿时，肘关节要先内收。右手回勾时要有向左下旋拧的力量。

第五式　五龙绕柱

动作过程：接上式，身体右转，左脚外摆，左手搭扣自己的右手腕部，右手顺时针划弧线（意念是刁扣对方右手腕，金丝缠腕）；左脚上步，左手向前、向下捋按，右手臂前上挑同时右脚跟步；随即，右前臂向后、向上弧线翻滚，同时右脚上步，双手回拉到腹前，右手在前，左手在后，双手后捋，右前脚脚尖勾起，目视前方（图2–2–5①~⑪）。

①

②背面

②正面

③背面

③正面

④

图 2-2-5 五龙绕柱

动作要点：此动作中含有三个技击动作，分别是金丝缠腕、攀桂折枝和法轮常转，所以要求动作连贯。

第六式 子路负米

动作过程：接上式，重心前移，右手前伸，旋拧手心向下，左手紧随右手后，上左步，先脚跟着地，左手前伸，右手勾手手心向后，重心继续前移，右脚后插步，双手举过头，右转身 360°；双手后捋，重心向后移动，右前脚脚尖勾起，重心在左后脚。重心前移，双手成立掌左弓步前推，再上左后脚，左弓步前推。定式是左弓步前推掌，目视前方（图 2–2–6①~⑭）。

①

②

③

④

⑤

⑥

⑦

⑧

⑨

图 2-2-6　子路负米

动作要点：转身动作要顺畅连贯。

第七式　丁字枷锁（亦称“丁字锁”）

动作过程：左前脚微垫步，微左转身，右手由内向外拦，随后，微右转身，左拳由外向内横打；上右后步，右臂屈肘向前，左手搭扣自己右手腕部，左转身 90°，双手合抱于胸前，目视前方（图 2-2-7①~⑦）。

动作要点：左手横打和圈臂动作衔接要紧密。

①　②　③

④　⑤　⑥　⑦

图 2-2-7　丁字枷锁

第八式　蛇蛟翻身

动作过程：接上式，右转身约 90°，右脚向前微垫步，重心前移，双手十字手（左手横，右手下），右手掌心向上，继续前伸，右手翻掌向下、向后回拉，左手臂屈肘向前，左脚上步，重心前移，右手臂屈肘向前，右前臂顺势前下劈（拗步的），左手在右肘下，重心后坐，左前脚脚尖勾起，脚跟着地，成右手在前、左手在后的虚步下劈掌，目视前下方（图 2-2-8①~⑥）。

动作要点：双手的十字手用力要协调一致。

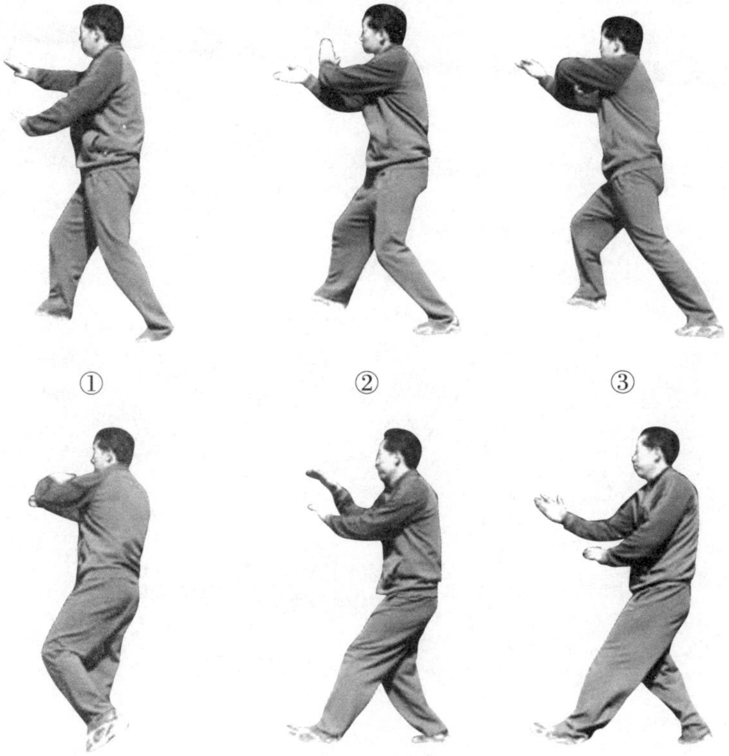

①　②　③

④　⑤　⑥

图 2-2-8　蛇蛟翻身

第九式　灵蛇入洞

动作过程：接上式，重心前移，双手前伸，左手逆时针旋翻、前插，手心向外翻，同时右后脚上步，左手回拉，右前手向前推按，成三体式推掌，目视前方（图 2-2-9①~④）。

①　②　③　④

图 2-2-9　灵蛇入洞

动作要点：左手旋臂动作要借助腰腿的力量，做到动作整齐，协调一致。

第十式　黄龙转身

动作过程：接上式，右前脚外摆，右手握拳顺时针缠绕、前钻；重心前移，上左后脚，右手臂继续顺时针缠裹，左手向前推，左手屈肘回拉，成左脚在前、右脚在后的三体式推掌，目视前方（图 2-2-10①~⑨）。

①　②　③

④ ⑤ ⑥

⑦ ⑧ ⑨

图 2-2-10　黄龙转身

动作要点：右手的缠裹需要身法的配合。

第十一式　凤凰展翅

动作过程：接上式，右手前伸逆时针划弧线，右脚上步，右转身，左手抬肘向斜前划弧线（意念是用我左肘部向上挑翻对方的右上臂），右脚后插步，右手从腹前推出。左手前臂向前下劈斩，随即向后捋带，右手向左前方推出，同时左转身 270°，右脚向前上步，右手向左后下切斩，目视左后方（图 2-2-11①~⑩）。

图 2-2-11　凤凰展翅

动作要点： 插步推掌要有前撞的力量。

第十二式 鹞子入林

动作过程： 接上式，右转身约90°，右脚掰脚上步，同时右手向前抡劈，左手在右肘下；随即左脚上步，左手前伸；右脚跟半步，右手向前推击，右转身，双手右斜下拉拽，同时右脚前伸，脚跟着地，左转身90°，目视左下方（图2-2-12①~⑧）。

动作要点： 三连掌衔接紧密。

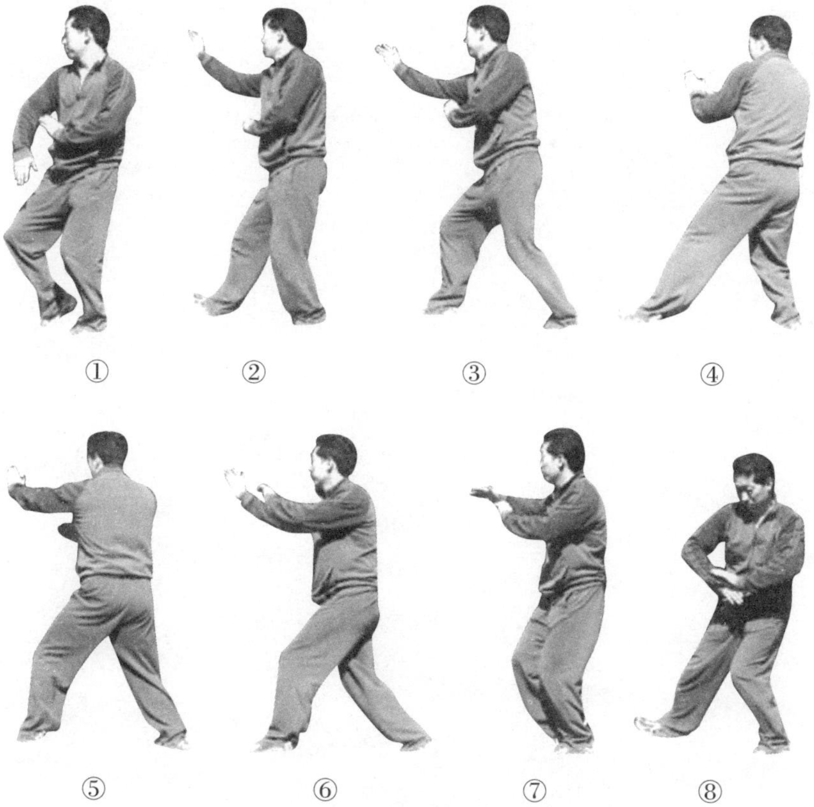

图2-2-12 鹞子入林

第十三式　精卫填海

动作过程：接上式，重心前移，右前脚落实，左手由内向外拦，同时右手前伸，左脚上步，脚尖点地（意念是别绊对方右腿），右转身约 90°，右手屈臂回拉，左手屈臂斜下推压，两手配合协调一致，同时左脚向后崩腿蹬直，目视右下方（图 2–2–13①~⑦）。

动作要点：左脚上步应该是脚尖点地，以便崩腿发力。

①

②

③

④

⑤

⑥

⑦背面

⑦正面

图 2-2-13 精卫填海

第十四式 无常敲门

动作过程：接上式，左手前上挑，重心前移，右手上挑；随即，右手握拳回拉，左手臂屈肘，向右斜下推挤，目视右斜下方（图 2-2-14①~③）。

动作要点：左右双手连续上挑，右手回拉时注意左腿的用力崩弹。

①

②

③背面　　③正面

图 2-2-14　无常敲门

第十五式　合抱乾坤（收势）

动作过程：接上式，左脚回收，双手向前上掤举，双手放长，手掌以手腕为轴，划小圆弧后手臂向下回抱，手腕不要明显沉腕，劲力要达到手指尖；双手下按的同时脚趾抓地，尾闾前卷，合臀，气聚丹田，双腿缓慢伸直，形成自然站立姿势，目视正前方（图 2-2-15①~④）。

①　②　③　④

图 2-2-15　合抱乾坤

动作要点：双手前上掤拳在最高点时，意念要想把天上（乾）的清气回抱入丹田；双手下按时，双脚抓地，尾闾前卷，意念想把地中（坤）的清气吸到丹田。

（注：后三张图②③④应该为背向，但为了让读者看清楚手的位置，拍照时选择了正面。）

三、擒拿柔拳二路实用技术精解

（一）二龙戏珠的实用技术

二龙戏珠

动作过程：当对方（右）从我（左）背后右直拳击打我头部时，我右转身右手向右后砸击或者拦挡对方直拳，如果对方力量较小，我右手拳背则直接向下砸击对方头部（图 2–2–16①）；如果对方力量较大，我右手则拦挡对方右拳，左手在右肘下，防止对方肘部的进攻（图 2–2–16②）；随即，右脚微向前，同时左手下压对方

①

②

右手臂，右手横切对方颈关节（图 2-2-16③）；我双手前伸（右手在上，左手在下），右手指回勾对方左侧颈动脉，右肘下沉、下压其头部右侧，使其头部向我右侧歪斜，同时左手前伸并回扳其下颌骨骨角，双手合力顺时针旋拧对方头部，并用力向左斜下回带（图 2-2-16④⑤）。

③

④

⑤背面

⑤正面

图 2-2-16　二龙戏珠的实用技术

动作要点：右手的鞭打和变手扣颈，衔接要快；左手紧随右手后，目的是更快捷地控制对方头颈部形成擒拿；右手指勾住对方左侧颈动脉后要快速启动，同时右前臂一定要下压，整个动作右手不管是横打还是回拉都是弧线运动。

（二）李逵摔斧的实用技术

李逵摔斧

动作过程：当对方（右）右手直拳击打我（左）头面部时，我右手由右外下向内上磕挡对方前臂，左手紧随在右手下；左手前伸手心向前，小手指向上顺势抓扣对方右手腕部（或者脉门），并逆时针旋拧其手臂，使其右臂极度外旋，同时我右手立掌向回、向下快速切斩对方的右前臂，同时左脚退一小步，右脚回撤成虚步（图 2-2-17①~③）。

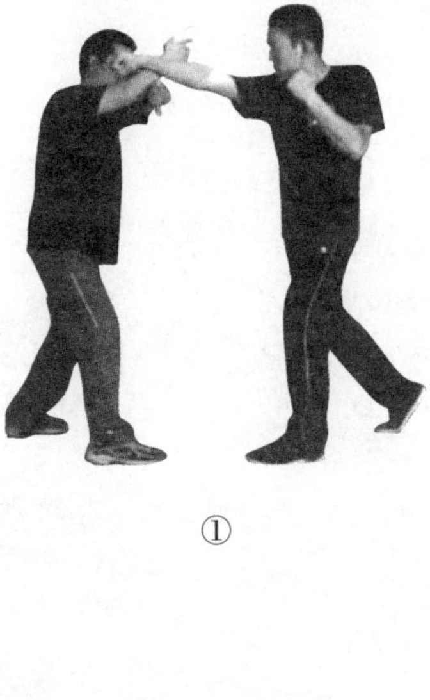

①

②

③

图 2-2-17 李逵摔斧的实用技术

动作要点：左手抓扣对方手腕时一定要迫使其小指侧在上方，其掌心向左外，这样抓扣住其手腕后的旋翻其手臂才能到位，同时身体要向左侧倾斜，防止对方左手的进攻。

变式 赤龙翻身

对方（右）还是右手直拳击打我（左）头面部，我右手由右外上向内下磕挡对方前臂，左手抓扣并逆时针旋拧其手臂，如果我右手立掌向后下击打对方的手臂时，对方掩肘抗力，我切斩不果，我则快速进身，右肘关节掩肘向前送，右转身，前臂前插并由下上挑对方右肘关节，使其右前臂屈肘极度外旋，此时对方会因肘部和肩部的疼痛，自动转身，后背对我，我则顺势将其摔倒（图2-2-18①~④）。

动作要点：旋翻对方的手臂要到位；进身挑肘时右手要划弧线以免对方容易防守。

①

②

③

④

图 2-2-18　赤龙翻身

（三）怀中抱月的实用技术

怀中抱月

动作过程：当对方（右）右手直拳击打我（左）头面部时，我右脚向前垫步，左手紧随右手之后，双手呈三角形向上向前封挡其右拳进攻；右手臂在接触到对方手臂后，顺势划弧线，回捋、刁扣对方右手腕部，同时，左手沿其右臂下向上滚搓其肘部，随即向后（我胸腹部）与右手合抱对方右手臂，使其右手臂肘窝向上成直臂反关节状，上左步绊别对方左腿，右转身，将其摔倒（图 2-2-19①~④）。

①

②

③

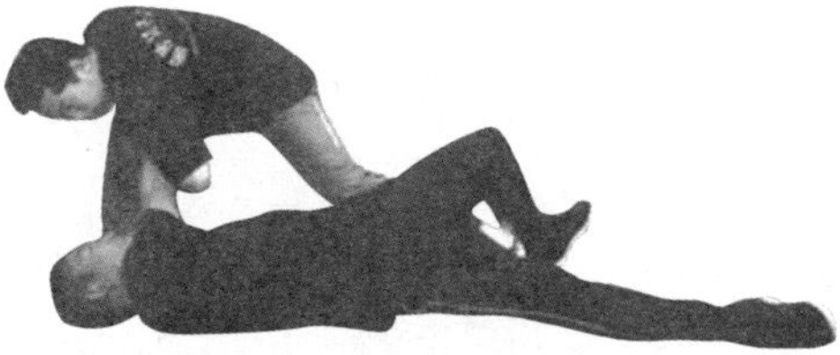

④

如果我双手合抱对方右手臂时，对方肘关节下沉，没有使其形成直臂，我左脚疾向对方右侧上步，左手臂前伸，右手向后拉拽其右臂，身体左转，左臂向左后上发力，与左膝关节向右合膝，形成别靠的合力，将对方摔倒（图 2-2-19⑤~⑦）。

⑤ ⑥ ⑦

图 2-2-19 怀中抱月的实用技术

动作要点：上步别腿与转身要协调一致。进身别靠时要先有前冲之力，把对方的身体撞斜才容易完成此动作。

（四）犀牛分水的实用技术

犀牛分水

动作过程：当对方（左）左直拳击打我（右）头面部时，我左手向外切斩其左前臂，接触到对方手臂后，顺势划弧线，回捋、刁扣对方左手腕部，右脚上步，微左转身，右前臂紧贴其肘部弧形下插、外拨、上挑其肘关节，同时，左手向后、向下按，两臂同时分展，使其左肘关节极度外旋，形成擒拿（图 2-2-20①~③）。如果对方肘部外撑抵抗我的劲力，我上挑其肘不果，则顺势右转身，右手前伸，手指搭扣对方颈关节（右耳下的胸锁乳突肌），随即，右手向左下弧形扣压，同时左手旋拧其左手腕部并向后下压（图2-2-20④~⑦）。

动作要点：一定要注意对方产生抬肘抗力时，右手再向前上插对方的颈部；当我右手下压对方颈部形成擒拿时，右手的肘部要上抬、外撑，使其没有反抗或者反击的机会。

①

②

③

④

⑤

⑥

⑦

图 2-2-20 犀牛分水的实用技术

（五）五龙绕柱的实用技术

五龙绕柱

动作过程：当对方（右）右手抓握我（左）右手腕部时，我左手搭扣对方的右手掌，勿令其逃脱；右手随胸腰折叠，顺时针划弧线刁扣对方右手腕（技术名称：金丝缠腕），将对方擒拿（图2-2-21①~⑥）。

如果我在抓握对方手腕时，对方右手逃脱，我左手顺势抓其右腕部（虎口向前），右手臂由内向外、由右下向左上挑其右手臂肘关节，顺势右转身，左手前推其手腕，右手回扳其手臂，双手配合形成锁臂擒拿（技术名称：攀桂折枝）（图2-2-21⑦~⑪）。

当我右前臂向上扳挑对方手臂肘关节时，如果对方右臂下沉、肘关节内掩，我上挑的劲力受阻，我则顺其力量方向，右手逆时针旋转，向上抱扳其右肘关节，随即我右手向上、向前翻推其肘关节，使其右肘关节形成极度外旋；此时对方必左转身，为防止其借助转身之际左肘顺势击打我胸腹部，我左肘下沉前撑其后背的肩胛骨位置，封死对方左肘的进攻线路，同时双手后下捋，将对方摔倒（技术名称：法轮常转）（图2-2-21⑫~⑱）。

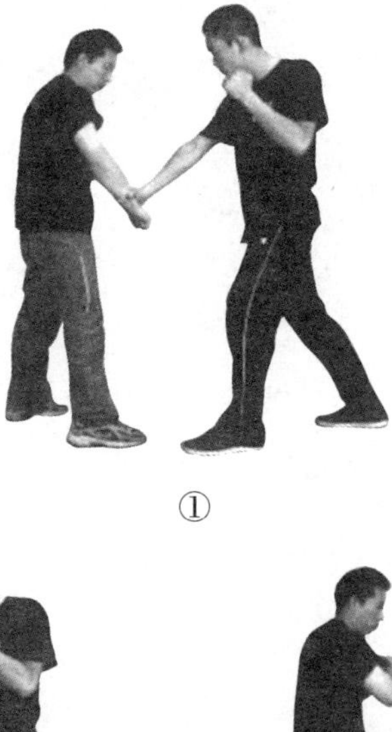

①

②

③

④

⑤

⑥

⑦

⑧

⑨

⑩

⑪

⑫

⑬

⑭

⑮

⑯

⑰

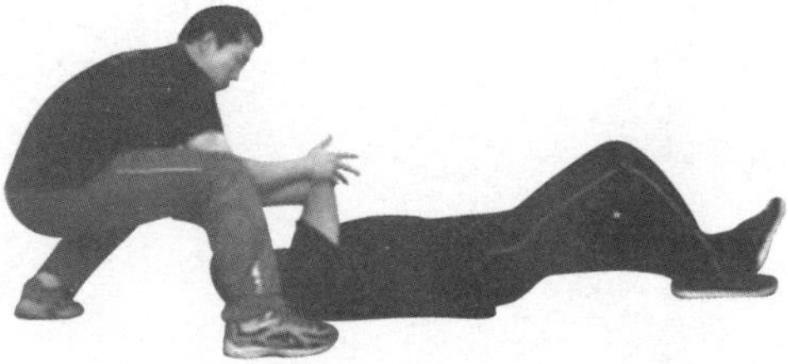

⑱

图 2–2–21　五龙绕柱的实用技术

动作要点：金丝缠腕的技术重点是最后用力，其用力方向是右手手指向我裆内的卷裹力；攀桂折枝的最后用力主要是右手尽量靠近肘关节而不是肩关节；法轮常转的最后动作，我在对方身后时，左肘一定要下沉前撑封死对方左肘的进攻线路，参见图 2–2–21⑰。

（六）子路负米的实用技术

子路负米

动作过程：当对方（右）右手直拳击打我（左）头面部时，我双手呈三角形向上、向前封挡其右拳进攻，左手紧随右手之后，右手接触到对方手臂后，顺势旋滚刁扣并后捋对方右手腕部，左手成小拳（用第二指关节击打）向前进攻对方头部（图 2–2–22①②）；随即上左步，脚尖微内扣，我左前臂向下向内压挑对方的右肘关节，与右手（勾手手型）向后下扳压其右手腕部形成合力，身体重心继续前移，右脚后插步，右转身约 180°，双手向下，体前屈，臀部向后上微挑，形成反关节过背摔（图 2–2–22③~⑤）。

①

②

③

④

⑤

图 2-2-22　子路负米的实用技术

动作要点：转身时要贴近对方身体，并且双手要控制住对方的手臂。

（七）丁字枷锁的实用技术

丁字枷锁

动作过程：当对方（右）右手直拳击打我（左）头面部时，我双手呈三角形向上向前封挡其右拳进攻，微右转身，右前臂下挂其右前臂，左拳顺势击打对方头部；如果对方侧头躲闪，我左手顺势回收与右手臂向前横肘形成合力，双手成“丁”字形，捆锁其右手臂（图 2-2-23①~④）；随即，重心前移，上右步绊别对方右腿，左转身，形成反关节别摔（图 2-2-23⑤⑥）。

动作要点：左手格挡对方手臂后要黏住对方手臂，并迅速转身上步，捆锁其右手臂。

图 2-2-23　丁字枷锁的实用技术

（八）蛇蛟翻身的实用技术

蛇蛟翻身

动作过程：当对方（左）右手持匕首由上向下劈刺我（右）头面部时，我身体微左侧闪躲，双手呈十字形向上向前封挡其右手进攻，十字手形为：左前臂内上横，右前臂外下纵（图 2–2–24①②）；右手掌心向上，继续前伸，并翻掌向下抓扣自己的左手，同时右肘关节向上挑其右肘，与双手向下按压形成合力，使其右臂形成屈肘的极度外旋（图 2–2–24③）；重心前移，右腿提膝，蹬踏其左腿膝关节内侧，形成擒拿（图 2–2–24④⑤）。

①

②

③ ④ ⑤

图 2-2-24 蛇蛟翻身的实用技术

动作要点：十字手形一内一外要正确，右手臂要有横劲以便打弯对方肘关节，另外还要有缠裹劲，如果横击打不动，我右手要像灵蛇一样缠绕对方手臂与左手合力向下扳折其手臂。

变式 黑熊反背

当对方（右）右手持匕首向前直刺我（左）胸腹部时，我微外侧闪，同时双手呈十字形向外向前封挡其右手进攻，十字手形为：左前臂内上横，右前臂外下纵；右手掌心向上，用右大指向下压、回拉对手肘关节，同时左手向前、向上推挑其右腕部并顺势抓扣其右手腕部，左右手形成合力，随即右手旋翻，抓握自己的左手，右前臂向上、向前翻挑对方肘关节，使其右肘关节形成极度外旋；对方必左转身，我双手后捋，将对方摔倒，注意双手控制住对方拿匕首的右手，迫使其右腕关节极度屈，我右手顺势夺下匕首（图2-2-25①~⑤）。

动作要点：十字手格挡对方右臂后，要马上进身盘锁其手臂，动作连贯。

①

②

③正面

③背面

④

⑤

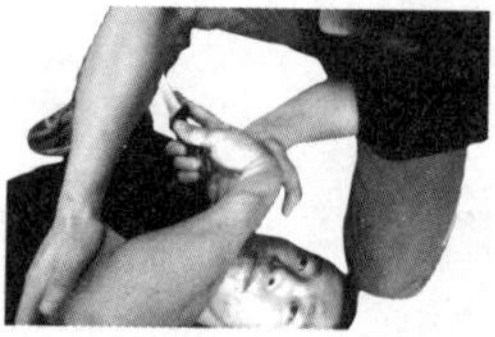

⑤特写

图 2-2-25　黑熊反背

（九）灵蛇入洞的实用技术

灵蛇入洞

动作过程：当对手（左）右摆拳进攻我（右）头部时，我左手横肘格挡其右前臂，右手在左手后，立肘防守；左手在接触到对方手臂后，顺势前伸，沿其上臂向下缠裹其右臂，并向上翻挑其右肘关节（图 2-2-26①②）；右转身，右手向上帮助左手用力，同时重心前移，右后脚上步，别绊其腿，形成反关节的擒拿别摔（图 2-2-26③~⑤）。（注：图 2-2-26⑤拍照的方向与之前的动作方向是相反的，主要目的是为了让读者看清楚。）

①

②

③

④背面

④正面

⑤

图 2-2-26　灵蛇入洞的实用技术

动作要点：我左手横肘格挡对方右拳时，力点要准确，用左肘尖磕击其手臂防守。

（十）黄龙转身的实用技术

黄龙转身

动作过程：当对方（右）右手直拳击打我（左）头面部时，我双手呈三角形向上向前封挡其右拳进攻，右拳顺势前伸并顺时针缠裹对方右手臂，同时左手助力，重心前移，左脚后上步，别绊其左腿，右转身，左手臂向前下滚切其肘关节，右手向我腰侧捋带其右前臂，形成反关节的擒拿别摔（图 2-2-27①~⑤）。

①

②

③

④

⑤

图 2-2-27　黄龙转身的实用技术

动作要点：右拳顺势前伸并顺时针缠裹对方右手臂时，动作连贯。

（十一）凤凰展翅的实用技术

凤凰展翅

动作过程： 当对方（右）右手直拳击打我（左）胸腹部时，我双手呈十字形向下向前封挡其右拳进攻，右手前伸逆时针旋摇其右手臂，同时左脚微进步，左手抬肘向斜前划弧线，用我左肘部翻挑对方的右上臂，右脚后插步，右手从腹前推击其软肋，左手前臂顺势掌根切击其头部（图 2-2-28①~⑤）。如果对方左手格挡时，我左手顺势刁扣其腕部，向我左腰侧捋带，右手向我左前方推掀对方左肘部，同时左转身 270°，左脚撤步，左手旋拧其手臂，右手顺势下切其肘关节，形成擒拿（图 2-2-28⑥~⑧）。

①

②

③

④ ⑤

⑥ ⑦

⑧背面 ⑧正面

图 2-2-28　凤凰展翅的实用技术

动作要点：我右手前伸逆时针旋摇对方右手臂时，要利用进身转腰的整体力量。右手从腹前推击对方软肋的技术一定是借助身体的前撞力。

（十二）鹞子入林的实用技术

鹞子入林

动作过程：当对方（右）从我（左）身后右直拳击打我头颈部时，我右转身，右手横斩，左手护肋，右手接触到对方手臂后迅速捋带、刁扣其手臂，左手顺势推击其头部（图 2-2-29①②）；如果对方左手格挡住我进攻的左掌时，我左手迅速刁扣其手腕并向左后捋带，同时上左步，右手前推其右臂，并顺势滚搓其左臂（图2-2-29③④）；右手也可以从对方的右臂下与左手合抱其左臂，同时转腰用右上臂横击其肘关节（图 2-2-29⑤）。

动作要点：左掌进攻，遇到对方的手臂格挡后，劲力不断，划弧线引开对方的防守，右手继续进攻。

①

②

③

④背面

④正面

⑤

图 2-2-29　鹞子入林的实用技术

（十三）精卫填海的实用技术

精卫填海

动作过程：当对方（右）从我（左）身后或体侧用右直拳进攻时，我左手由内向外拦其肘部，接触到其手臂后，迅速翻掌，并后捋、刁扣其腕关节，左脚上步别绊其左前腿，重心前移，右转身，左上臂横击其肘关节；对方必屈肘缓解其肘关节疼痛，我左手弧线移动到其右臂上方，并顺势向下滚搓其右臂，同时左脚先脚尖点地再向后崩弹其左腿，形成反关节擒摔（图 2-2-30①~④）。

动作要点：左肘的横击和别腿要协调用力。

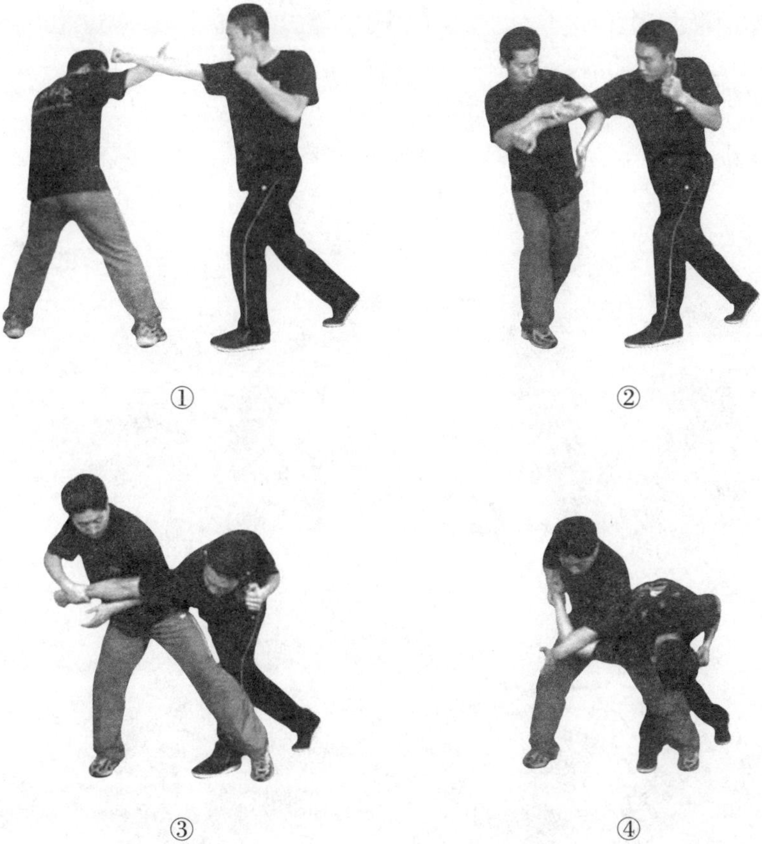

① ② ③ ④

图 2-2-30　精卫填海的实用技术

（十四）无常敲门的实用技术

无常敲门

动作过程：当对方（右）右手直拳击打我（左）头部时，我微低头，下潜闪躲防守，左手向上向前撩打其裆部，直接杀伤对方（图 2–2–31①~③）；如果对方反应快捷，左手向下格挡防守，我左手顺势向左外引带其防守手臂，左转身，右手继续撩打其裆部，并抓握其下阴部，用力回带，左脚向其裆内前插步别绊其右腿，左手前臂或者肘关节向前推击其软肋，形成擒摔（图 2–2–31④~⑦）。

①

②

③

④

⑤

⑥正面

⑥背面

⑦

图 2-2-31　无常敲门的实用技术

动作要点： 下潜防守的同时左掌撩掌进攻，遇到对方的手臂格挡后，劲力不断，划弧线引开对方的防守手臂，继续进攻。

第三章　擒拿柔刀

擒拿柔刀套路是由著名武术家赵大元先生所传授，他把传统武术的刀法和擒拿技术相结合。刀法和拿法浑然一体，相辅相成，相得益彰，劲力上把柔中寓刚、刚中寓柔、刚柔相济等特点有机地结合起来，形成具有独特风格特点的刀术习练套路。该套路最大的特点，一是保留了传统武术常用刀法，如劈撩斩扎、推截缠压、绞提崩挂、粘黏带滑、旋拧扣拿等基本技法；二是结合多变的步形、身形、跳跃、旋转等，使整个套路更具有变化和灵活性；三是强调刀的技击原理和攻防意识，结合身体方位的不同实施进攻和防守；四是注重内气运行，采阳、贯气、导引、归丹等在第一式和第十三式都有体现。既有轻柔连绵不断，又有发力刚劲勇猛之势。经常习练这套刀术，不但能了解、掌握传统武术刀法的基本技能，还能疏通经络、加强劲力、增强体魄。既适合于青少年朋友也适合于老年朋友习练，全套练完约需 6 分钟。

一、擒拿柔刀式子名称

第一式　独立朝纲傲群雄
第二式　飞身幻影左右逢
第三式　斗转星移日月懵
第四式　鹰击九霄取天星
第五式　袖底乾坤龙出洞
第六式　云麾三舞振八风
第七式　麒麟独卧驭降龙
第八式　龙门叠浪北海腾
第九式　飞电沉雷鸳鸯穹
第十式　魔礼舞鞭顺势行
第十一式　潜龙入海惊雷隆
第十二式　乾坤倒悬日月星
第十三式　紫云盘旋凤出笼

二、擒拿柔刀各式精解

预备式

双手自然下垂，双脚并拢，两眼平视前方，含胸收腹，百会穴上领，沉肩坠肘，周身中正，自然放松。面向正南方向（图 3–1–1①）。

握刀方法：左手握刀，食指贴于刀柄，拇指与其他三指托住刀护手，刀尖向上，刀刃向前，刀背轻贴于左臂内侧（图 3–1–1②③）。

① ② ③

图 3–1–1 预备式

第一式 独立朝纲傲群雄

1. 跨步采阳

双腿屈膝身体下沉，重心慢慢移向右脚，左脚跟抬起。上身姿势保持不变（图 3–1–2①）。左脚向左横跨一步，脚拇趾先落地，双脚牢牢扎稳，五趾抓地，双肩下沉，两手指下插，手掌外旋，掌心向外。身体重心落于双脚跟部，成马步，意念双脚入地三分（图 3–1–2②）。随后，双手向上挑起，用丹田力以腰带臂，有力挑千斤之势，小鱼际向上，挑至略高于双肩的位置（图 3–1–2③）。

合肩合肘同时转双手，使两手劳宫穴与丹田相对应（图 3–1–2④）。

意念：采阳，双手劳宫穴吸气，吸纳大自然之阳气再向天突穴贯气，目视前方。

①

②

③

④

双手沿任脉向丹田下按运气，并合于丹田（图 3-1-2⑤）。意念：引气归丹，双手所采之阳气沿任脉慢慢下沉归于丹田。

⑤

图 3-1-2 跨步采阳

2. **飞鹰搏兔**

①

重心慢慢移至右脚，同时双手再向两侧分开，展开双臂（图 3-1-3①）。左脚轻轻抬起并使大腿平行于地面，双臂向两侧展开，成“飞鹰展翅”之势，注意动作要平稳舒展，身体不能摇晃（图 3-1-3②）。

合肩合手，双手掌心向上，呈十字交叉置于胸前，同时左脚向前慢慢落下，脚后跟轻轻着地，成“捧”的姿势（图 3-1-3③）。向左转腰，注意转腰不转髋，双手向左前方各划斜圆，再捧出（图 3-1-3④）。

收肩收肘并带动双手收至胸前，身体转正（图 3-1-3⑤）。重心落于右脚，左脚慢慢抬起并向后撤一大步，右手变掌心向下，同时双手向右前方捧出（图 3–1–3⑥）。

右手向前慢慢伸展，左脚踏实成右弓步，身体形成前后伸拉之势（图 3–1–3⑦）。身体重心后移，腰向左转，双手向左下方捋至腰间，成“捋”势，右脚尖抬起脚跟着地，身体重心落于左脚（图 3–1–3⑧）。继续向左转腰带动双臂向左转，同时右肘向左下方收，右腕左旋，掌心转向左上方，左手持刀随腰向左后转，形成“挒”势（图 3–1–3⑨）。注意丹田收紧，腰尽量向左旋，就像拧紧的弹簧，目视前下方。

②

③

④

⑤

⑥

⑦

⑧

⑨

图 3–1–3 飞鹰搏兔

3. 亮翅射虎

接上式，再向右转腰，同时带动右臂回旋，右手掌向头额右上方撑开，左手持刀向下沉，左右手上下成抻拉之势，身体重心落于左脚，右脚前脚掌轻着地，成“白鹤亮翅”之势（图 3–1–4①）。

身体重心前移，合双臂搭双手于胸前，右手扶于左手刀柄上打“挤”势。注意，“挤”势要求双手臂撑圆，双手向前撑，背向后拔（图 3–1–4②）。重心移到右脚，左脚向前迈出，脚跟轻轻着地，上肢依然成“挤”势（图 3–1–4③）。边打挤边向左转腰（图 3–1–4④）。身体转向左前方 45°，右手扶握刀柄（图 3–1–4⑤）。右手接刀，前推左手虎口托住刀背向后拉，成拉弓射箭之势，重心仍落于右脚（图 3–1–4⑥）。随即，扣左脚，重心前移，右手握刀柄，左手推刀背，将刀向左前方劈出（图 3–1–4⑦），目视刀尖方向。

①

②

③

④

⑤

⑥

⑦

图 3–1–4　亮翅射虎

第一式动作要点

作为整套动作的开始，要求端庄稳健、劲力分明、周身中正、气度不凡。注意气血的运行，采阳、贯气、归丹一气贯通。

第二式　飞身幻影左右逢

1. 转身下刺

①

接上式，重心移向左脚，左手向左前压刀，眼睛注视刀尖方向（图 3–1–5①）。身体向右转，重心完全移到左脚，同时右手向前抽拉刀(图 3–1–5②)。身体转向正西，右膝提起，同时将刀拉起，刀尖向下，与地面垂直（图 3–1–5③）。刀尖挑起刀刃向上，左手托刀背，蹬右脚，同时向前平刺刀（图 3-1-5④）。收刀，同时收右脚（图 3-1-5⑤）。

左腿屈蹲，右脚前落，脚跟着地，刀刃向上，刀尖指向前下方（图 3-1-5⑥）。左脚蹬力成右弓步，向前下方刺刀（图 3-1-5⑦）。注意，送右肩送刀，意在刺对方膝盖，目视前下方。

②

③

④

⑤

⑥

⑦

图 3–1–5 转身下刺

2. **横窗独立**

接上式，刀尖回挂，身体后移坐腰，重心落于左脚，右脚跟着地脚尖抬起（图 3–1–6①）。重心前移，成立刀，右手控制刀柄左手扶于刀面中间，以刀身中间为中心，刀尖向左划弧，意在拨开对方向我腿部刺来之器械（图 3–1–6②）。顺势平压刀，刀刃向外，刀身平行于地面且略高于膝盖（图 3–1–6③）。转身向右后方斜劈刀，左手撑开位于头上方，眼睛看刀尖方向。刀与人成“丁”字形（图 3–1–6④）。

身体重心前移到右脚，同时上左脚并扣脚于右脚尖前，向右转身，面向正东，顺势右手举刀柄于头上，刀尖向下，刀背轻贴于背部，左手位于右腋窝前。左肩找右肩，身体向右拧裹，成“缠头裹脑”式（图 3–1–6⑤）。身体重心完全移到左脚，右脚转正虚点地，右手握刀柄从头的左侧绕过下落（图 3–1–6⑥）。

右脚抬起脚尖内勾，开髋，右腿外展带动右脚划一斜圆，再收腿、收脚、提膝于腹前，同时刀背贴左肩前向下而落（图 3–1–6⑦）。左脚独立，右脚提膝，横刀于右膝前，刀刃向外，面向正东，成定式（图 3–1–6⑧），目视前方。

①

②

③

④

⑤

⑥

⑦

⑧

图 3–1–6　横窗独立

第二式动作要点

右手接刀后转身蹬脚，刺对方膝盖，再回挂、左揽，拨开对方进攻之器械，动作目的要明确。回身劈刀动作要迅速。

第三式　斗转星移日月懵

斗转星移

接上式，左腿屈蹲身体下沉，横刀变立刀，位于身体右前方（图 3–1–7①）。右脚迈步脚跟轻着地，上肢姿势不变（图 3–1–7②）。向右转腰同时重心前移，意在拦截对方进攻之器械（图 3–1–7③）。双手一上一下，以腰带双臂，以刀身中点为圆心右手向前左手向后划斜圆，意在绞开对方器械（图 3–1–7④）。

揽开对方进攻之器械，边绞刀边移重心到右脚（图 3–1–7⑤）。向左前方上左脚，脚跟着地，平握刀，刀刃向外，平刺刀，意在用刀刃平刺对方手臂（图 3–1–7⑥）。继续前平刺刀，身体成弓步，送右肩送刀，使右臂与刀成一条线，刀身平行于地面，刀尖指向左前方 30°，左手位于右上臂内侧，眼睛平视前方（图 3–1–7⑦）。转身斜劈刀，刀劈向右下方 45°，左手撑开位于头左上侧，成定式（图 3-1-7⑧），目视刀尖方向。

①

②

③

④

⑤

⑥

⑦

⑧

图 3–1–7　斗转星移

第三式动作要点

这一式虽然动作不多，但每一动都有技击含义，揽、绞、刺、劈刀要步步紧逼，一环扣一环。

第四式　鹰击九霄取天星

1. 鹰击九霄

接上式，重心移到左脚，右脚跟半步，同时合肩合肘，左手找右臂，刀背向左前方横挂，右臂前伸并向左前下送肩刺刀（图 3–1–8①）。重心移到右脚，左脚掌轻点地，右手将刀挑起位于头上右侧，刀尖向上，左手向下撑，位于左胯侧方，成“鹰击九霄”之势。挑刀时，要用丹田力，先下刺，再挑刀（图 3–1–8②）。

随后，合肩、合肘，左手找右臂，向左下方斜劈刀至肩高（图 3–1–8③）。向左转腰，以腰带右臂，肘、腕内旋，控制刀边向左旋转边往前伸。通过左转腰和旋右臂，使身体向左方向裹紧（图 3–1–8④），目视前方。

① ② ③ ④

图 3-1-8　鹰击九霄

2. 巧取天星

接上式，再向右转腰，以腰带右臂，向外旋肘、旋腕，此时右手控制刀身外旋，掌心向外，刀刃向上，左手轻贴于右手腕，重心仍落于右脚（图 3–1–9①）。

右腿屈蹲，重心下沉，左脚上步脚跟着地，擦地而出（图 3–1–9②）。重心前移成左弓步，左手成立掌，送左肩，顺刀身向前推掌，成“取天星”之势，面向正东（图 3–1–9③）。换肩，收左肩收左掌，左掌收至右臂内侧，同时送右肩，刀向前刺，刀刃向上并平行于地面，眼睛平视前方（图 3–1–9④）。收右肩右臂，平行回抽刀，左手掌贴于右手腕（图 3–1–9⑤）。右脚跟步，同时右手控制刀柄，手腕向左旋，刀背向左斜挂。以右手腕为圆心刀尖向左下方划弧（图 3–1–9⑥）。继续转右腕，使刀横架于头顶，同时左手顺刀面由右向左平抹，最后撑于刀面上端。重心落于右脚，左脚掌轻点地，双臂将刀撑住。刀面斜向前方，意在用刀面架住对方劈来之器械，面向正东，成“鹰击九霄取天星”定式（图 3–1–9⑦⑧），目视前上方。

①

②

③

④

图 3–1–9　巧取天星

第四式动作要点

一是“鹰击九霄”的挑刀，要用丹田力；二是做“巧取天星”时，掌先出，换肩收掌再出刀，动作过程要做清楚。

第五式　袖底乾坤龙出洞

1. 揽刀平扫

接上式，重心不变，向左转腰，同时刀尖向左下方划弧下落，使刀尖向下成立刀，位于左前方，左手扶于刀面，刀背向右（图 3–1–10①）。重心移到左脚，再向右转腰，同时左手推刀向右揽至右前方（图 3–1–10②）。起右脚，脚跟着地，向右前方擦地而出，同时双手推刀，意在拦住对方进攻器械（图 3–1–10③）。继续向右前方推刀，同时重心前移成右弓步（图 3–1–10④）。刀尖挑起，左手背托刀变平刀，刀身平行于地面，刀刃向右，与肩持平，刀尖指向右前方（图 3–1–10⑤）。

身体重心左移成左弓步，同时向左转腰，刀平行向左横扫（图 3–1–10⑥）。重心移至左脚后，刀柄下沉刀尖上挑，成立刀，刀尖向上，刀背向右，立刀于身体左前方（图 3–1–10⑦）。重心再右移成右弓步，同时向右转腰，左手扶刀背推刀揽至右前方（图 3–1–10⑧）。先收回左脚，然后左脚再向左前方擦地而出（图 3–1–10⑨）。左手压刀，将刀放平，刀面与地面平行，刀刃向左，然后向左转腰，同时将刀向左平扫（图 3–1–10⑩）。将刀向左平扫至左前方 45°成左弓步，目视刀尖方向（图 3–1–10⑪）。

①

②

图 3–1–10　搅刀平扫

2. 转腰下劈

再向右转腰，同时右手握刀柄向左推，左手扶刀背，双手合力控制刀尖向右横挂（图 3–1–11①）。刀横挂到身体中央时向下劈刀，左手掌位于头顶左上方。注意，下劈刀要以腰带臂，力达刀前端（图 3–1–11②）。重心移到左脚，右脚跟步，重心再落于右脚，合两臂合双手，同时右手坐腕挑刀成立刀（图 3–1–11③）。向左转腰，带动右臂向左横拉刀立刀变为横刀，刀刃向上，位于头正前方（图 3–1–11④）。再向右转腰，变横刀为立刀，刀刃向前，刀位于身体中线，左手扶于刀背，（图 3–1–11⑤）。右手向后抽拉刀，同时左手变立掌向前推掌，两臂前后撑开，藏刀于右腿外侧膝盖之内，身体重心仍位于右脚，左脚掌轻点地，目视前方，成定式（图 3–1–11⑥）。

第五式动作要点

袖底乾坤有几个大幅度左右转腰动作，要求转腰幅度要大，架子尽量放低，左右脚出步要擦地而出，整个动作要做柔，体现擒拿柔刀的特点。

①

②

③ ④ ⑤ ⑥

图 3-1-11 转腰下劈

第六式 云魔三舞振八风

1. 弓步前刺

接上式，双臂前后伸展，同时左脚放步，脚跟着地（图3-1-12

①)。合两臂合双手，转右手腕并转刀，使刀刃向上，刀尖向前，平握刀于胸前，同时右脚跟步，重心移到左脚。左脚实右脚虚成丁步（图 3–1–12②）。

右脚向右前方迈出一大步，脚跟着地，上肢保持平握刀姿势，蓄力待发（图 3–1–12③）。左脚蹬力，身体前移，旋腕使刀刃向下，并向右前方刺出。

边转刀边向前刺，刺刀时可以发力，也可以用柔力（图 3–1–12④）。右弓步前刺，弓步刺向东南方向，左手撑于头左后方，成定式（图 3–1–12⑤），目视前方。

①

②

③

④

⑤

图 3-1-12　弓步前刺

2. 转身挂撩

合双手转右脚，右手腕外翻下挂刀，左手扶于刀柄。右肘内收，外翻右腕，下挂刀要贴身（图 3-1-13①）。上左脚，脚跟着地，同时向前劈刀，左手扶于右腕内侧，面向东南。注意左脚上步与劈刀要同步，刀到脚到，刀要劈出（图 3-1-13②）。以左脚跟为轴，身体向后转，右手抽刀，左手向外推掌（图 3-1-13③）。身体转向西北方向，重心位于左脚，右脚转正放步，脚跟着地，同时右手将刀反撩。刀刃向上并与肩平，左手位于右臂内侧（图 3-1-13④）。

边向前移重心边转刀，使刀刃向下（图 3-1-13⑤）。向右上方挂刀，同时，左手向前推刀柄下端（图 3-1-13⑥）。上左脚并扣步，同时，双手抱刀于腹前，右手虎口托刀柄，左手扶于右手之

①

上，刀背轻贴于右上臂内侧，身体右转至东北方向（图 3-1-13⑦）。从正面看抱刀动作见图 3-1-13⑧。

②

③

④

⑤

⑥

⑦背面

⑧正面

图 3–1–13　转身挂撩

3. 前刺挂撩

重心移到左脚，右脚虚步脚掌点地，身体转向西南方向，双手仍抱刀于胸前（图 3–1–14①）。左膝屈蹲，右脚放步脚跟着地，刀尖略下落，使刀背贴于右肘弯内侧，刀刃向上，蓄力待发

（图 3-1-14②）。蹬左脚，开双臂，发力右弓步前刺，刀刃向下，面向西南，成定式。右手腕外旋，边转刀边前刺（图 3-1-14③）。转右脚，右手坐腕向上挂刀，左手向外推刀柄下端（图 3-1-14④）。右肘内收，刀贴身回挂（图 3-1-14⑤）。向前撩刀，同时上左脚。注意左脚与撩刀同时到位，脚跟着地，重心落在右脚，面向西南（图3-1-14⑥）。

①

②

③

④

⑤ ⑥

图 3–1–14　前刺挂撩

4. 转身斩挂推刀

左脚内扣，向左转腰，同时合双臂，刀刃向左横扫，使刀尖指向东南，眼睛看刀尖方向（图 3–1–15①）。再向右转身，重心向左脚转移，翻转右手腕，使刀刃向外，刀背横贴于腰左侧，合双臂（图 3–1–15②）。右脚尖抬起脚跟着地，向右转腰，以腰带臂，横刀向右平斩，刀尖指向东南（图 3–1–15③）。注意腰的大幅度回转，先向左转腰，再向右转腰，以腰带臂，展臂平斩，动作要做舒展。

再向左转腰，以腰带臂向左横挂刀，重心仍落于左脚（图 3–1–15④）。挂刀至身体左侧，刀尖指向西南，顺势合双臂，然后右转腰横刀于腹前，刀刃向前，重心仍在左脚，右脚跟着地，面向东北（图 3–1–15⑤），目视前下方。注意挂刀动作，相当于刀在腹前划了一个大平圆，前面转身平斩是一个大开动作，这里的回身挂刀则是一个回收的动作，一开一收，180°范围，要做得舒展大方。

图 3–1–15　转身斩挂推刀

5. **转身跳刺**

右脚外掰，重心前移并推刀（图 3–1–16①）。重心前移到右脚，左脚抬起，同时变横刀为立刀，顺势抱刀于腹前（图 3–1–16②）。同时左脚内扣，注意扣脚角度要大，要扣脚于右脚尖前，未落地（图 3–1–16③）。向后转身，左脚扣步轻落地，同时右脚迅速抬起，利用双脚的交替跳跃，使身体向右旋转 270°（图 3–1–16④）。转身后，面向西北方向，双脚交替跳步要轻灵迅速，转身角度要大，双手抱刀不变（图 3–1–16⑤）。

右脚向前一步，脚跟着地，双手仍抱刀于腹前，刀尖下落，刀背贴于右肘弯内侧，刀刃向上，左膝屈蹲，蓄力待发（图 3–1–16⑥）。左脚用蹬力，发力前刺，刀刃向下，右腿成弓步，面向西北，左手撑于头左后上方，成定式（图 3–1–16⑦），目视前方。

①

②

③

④

⑤

⑥

⑦

图 3-1-16 转身跳刺

第六式动作要点

该式是整个套路的一个高潮，其中刀法就有刺、挂、劈、撩、斩、扫、推等，习练中要注意刀法的变化。除此之外，在四个不同方向根据不同的步法身法，有攻有防，有蓄有发，灵活多变。

第七式　麒麟独卧驭降龙

1. 麒麟挂劈

接上式，合双手，右手腕外旋，使刀面平行于地面，左手扶于右手腕内侧，刀尖向前，刀刃向左（图 3–1–17①）。身体后坐，重心后移，右转腰横刀平行向右后方挂刀（图 3–1–17②）。向左转腰，使刀横向左平移（图 3–1–17③）。

推刀至左侧后，再向前平行推刀。左右推挂是一个大幅度转腰动作，靠腰身的大幅度平移，使刀在胸前划一个大的平圆（图 3–1–17④）。起身前移，重心移到右脚，同时向前举刀（图 3–1–17⑤）。上左脚，向左侧转身转头，合肩合臂，左手在上右手在下，向左后方举刀（图 3–1–17⑥）。将刀向左后方劈下，眼睛看刀尖方向。注意，合肩、合肘、合胯、合膝（图 3–1–17⑦）。

①

②

③

④

⑤

⑥

⑦

图 3-1-17 麒麟挂劈

2. **坐驱强龙**

抽刀合双手变横刀，使刀背贴于左前臂外侧，肘部顶住刀背，左手扶于右手腕之上（图 3-1-18①）。向右转腰，同时刀尖横拨并指向前方（正西）。左肘顶住刀背右转腰横拨刀，意在用刀尖横拨对方（图 3-1-18②）。右脚向前盖步扁踩，意在踩对方小腿。注意，进身、刺刀和脚下踩同时进行（图 3-1-18③）。

双腿屈蹲，刀尖回挂，意在挂开对方进攻器械（图 3-1-18④）。刀尖边挂向左划圆，并垂直于地面，左手小鱼际贴于刀身(图 3-1-18⑤)。起身前移，重心移向右脚，同时挑刀前刺，刀刃向上刀尖向前，左手背托住刀背，使刀平行于地面。注意，边起身边前刺刀(图 3-1-18⑥)。右脚独立，左腿提膝，同时左手回抱，双手抱刀于腹右侧，右手握刀柄，左手托于刀柄之下，左臂肘弯托住刀背，刀尖指向前上方，成定式（图 3-1-18⑦）。

第七式动作要点

本式中有盖步扁踩腿法，意在扁踩对方小腿，动作时注意，要边近身边刺刀边踩。扁踩后要边起身边前刺刀。这两个动作表现了擒拿柔刀套路勇进少退的动作特点。

①

②

③

图 3–1–18 坐驱强龙

第八式 龙门叠浪北海腾

龙门腾海

接上式，双手抱刀于腹右侧，蹬左脚（图 3–1–19①），左脚放步脚跟着地，重心仍落于右脚，合双手，举刀柄向左前方击打，意在用刀柄击打对方头面，同时左手接刀右手扶于刀柄（图 3–1–19②）。以腰带臂，双手平抹，在胸前各划一个斜圆（图 3–1–19③）。

重心移向左脚，右臂向前伸展（图3–1–19④）。重心移到左脚，右脚抬起，左手托刀柄（图 3–1–19⑤）。摆脚打手，右脚向左前方踢起，脚面与右手掌相击划立圆落下（图 3–1–19⑥）。

落右脚，同时左手持刀柄回收（图 3–1–19⑦）。右脚落于左脚后侧，左手刀柄与右手同时回挂至腹右侧，重心落于右脚（图 3–1–19⑧）。右手变拳自下划弧至头右上方，位于头额右前方，拳心向外。左手抱刀于腹右侧，刀刃向上，刀尖指向前上方，重心落于右脚，左脚掌轻点地，成虚步定式（图 3–1–19⑨），目视前方。

①

②

③

④

⑤ ⑥ ⑦ ⑧ ⑨

图 3-1-19 龙门腾海

第八式动作要点

柔刀套路里技击部位是多点位的，用刀柄击打对方头面是其一，习练时要注意。

第九式　飞电沉雷驾鸯穹

1. 飞电劈刀

接上式，左脚放步脚跟着地，向左转腰，右手变掌向左前方劈出，意在劈对方头面（图 3–1–20①）。左手托刀柄，以腰带臂用刀柄向前击打，意在击打对方头面，右手收于左肘弯（图 3–1–20②）。摆左脚重心前移，右手顺刀面上滑至刀柄（图 3–1–20③）。向左侧身，右手握刀上举，右膝抬起，眼睛看左下方（图 3–1–20④）。右脚放步迈出，脚跟着地，右手举刀上拉，左手向左后方下撑，成斜拉之势(图 3–1–20⑤)。转身向前，右转头眼睛看前方，同时将刀举过头顶之上，左手后撑（图 3–1–20⑥）。身体略后坐，重心落于左脚，右脚跟着地，以腰带臂，向正前方劈刀，刀与地面平行，左手撑于头的左后上方（图 3–1–20⑦）。重心前移成右弓步，蹬左脚将刀向前刺出，目视前方（图 3–1–20⑧），注意先劈刀再前刺。

①

②

③

④ ⑤ ⑥ ⑦ ⑧

图 3-1-20 飞电劈刀

2. 踢腿架托

身体后坐重心后移，合双臂合双手，压刀于两腿之前，刀刃向右，眼睛看刀，意在用刀压住对方进攻之器械（图 3–1–21①）。右手翻腕，刀背向上挑刀（图 3–1–21②），以腰带臂将刀挑起，右手举刀于头上，左手撑于胯左侧（图 3–1–21③）。重心前移，合双手劈刀，左手扶于右前臂内侧（图 3–1–21④）。向左转腰，带动右臂右腕左旋，同时刀向左旋，使刀刃斜向左方，刀尖向前（图 3–1–21⑤）。重心移到右脚，左脚跟步，同时腰向右旋，带动右臂右腕向右旋，使刀回旋，刀刃向上（图 3–1–21⑥）。抬左膝起身，右手将刀回拉并向上平举，位于头前上方，左脚前踢（图 3–1–21⑦⑧），目视前方。

①

②

③

④

⑤

⑥

⑦　　⑧

图 3–1–21　踢腿架托

3. 转身拦刀

左腿迅速收回（图 3–1–22①）。右脚略屈蹲，左脚放步，合双手压刀，眼睛看刀尖方向，意在压住对方进攻之器械（图 3–1–22②）。压刀不动，扣左脚，向右转身交叉合双臂，身体转向东北方向，眼睛仍看刀尖方向（图 3–1–22③）。重心移到左脚，右脚向左脚后方撤一大步，压刀不动（图 3–1–22④）。双脚为轴，先左后右顺序转脚，同时向后转身，合双臂，刀背贴于腰间，刀随身平扫（图 3–1–22⑤）。以腰带臂，发力将刀拦腰横斩，双腿成半马步，目视刀尖方向，成定式（图 3–1–22⑥）。

①

②

③

④

⑤

⑥

图 3-1-22　转身拦刀

4. 缠裹高踢

身体后坐，向后移重心，合双臂合双手，右手腕外翻，刀柄向上刀背回挂，成立刀，左手扶于右肘弯内侧（图 3–1–23①）。重心移到左脚，右脚回收脚掌点地，刀背贴于右肩外侧（图 3–1–23②）。右手握刀柄绕头，从头的右侧绕到左侧再向下，同时刀背贴右肩绕向左肩，做“缠头裹脑”之式（图 3–1–23③）。同时右膝抬起，右手持刀柄落于腹左侧，刀背贴于左肩颈部，刀刃向左，左手掌向上撑起（图 3–1–23④）。右脚迅速踢出，迅速收回（图 3–1–23⑤⑥），目视前方。

①

②

③

④

⑤

⑥

图 3-1-23　缠裹高踢

5. **快刀鸳鸯脚**

左臂下落，刀顺左臂外侧下滑，刀刃向下，刀下滑至左胯时，左手虎口顺势贴于刀背（图 3-1-24①）。左手虎口将刀托起，右手反握刀柄，刀刃向上（图 3-1-24②）。双手挑刀至胸高，蹬右脚（图 3-1-24③④）。

右脚轻落地，脚跟着地，左手虎口托住刀背，右手向前推刀柄，使刀身平行旋转 180°，刀柄向前刀尖在后，顺势将刀柄交与左手（图 3-1-24⑤）。身体略后坐，右臂前伸，左臂托刀回收，做好起跳准备（图 3-1-24⑥）。身体重心前移至右脚，右臂回收，左臂托刀前伸（图 3-1-24⑦）。利用右脚的弹跳力，双脚腾空跳起（图 3-1-24⑧）。右手用力拍击右脚面（图 3-1-24⑨）。左脚稳稳落地，右腿迅速回收提膝（图 3-1-24⑩）。

左脚独立，右腿提膝，以腰带臂右转，将刀迅速向右横拨，双手抱刀位于体右侧，刀尖向前，刀刃向上，成定式（图 3-1-24⑪）。右脚向前迈出一大步，左脚蹬力，右弓步前刺，目视前方（图 3-1-24⑫）。

①

②

③

④

⑤

⑥

图 3-1-24 快刀鸳鸯脚

第九式动作要点

该式是套路中的又一个高潮，除了包含各种刀法以外，还有跳(鸳鸯脚)、蹬、踢、劈等手法和腿法，注意动作衔接连贯，劲力顺达。

第十式　魔礼舞鞭顺势行

1. 魔礼舞鞭

接上式，方向正西。身体后坐，重心后移，合双臂压刀，左手扶于右前臂内侧，右脚尖抬起。注意压刀，意在压住对方进攻器械（图 3–1–25①）。旋腰立刀，左揽（刀尖向左划弧），意在拨开对方进攻之器械（图 3–1–25②）。向前移重心到右脚，边移重心边挑边进刀（图 3–1–25③）。左膝抬起，送右肩向前下方刺刀，意在刺对方腿部。注意提膝要收腹，下刺要送肩（图 3–1–25④），目视前下方。

右手向上挑刀，抬头挺胸，挑刀变为拉刀，左手下按（图3–1–25⑤）。右手举刀过头顶，左手外撑（图 3–1–25⑥）。转身向右，将刀向右后方劈下(东北方向)，眼睛看刀尖方向，左手掌撑于头上方（图 3–1–25⑦）。

①

②

③ ④ ⑤ ⑥ ⑦

图 3-1-25 魔礼舞鞭

2. **擦挂劈鞭**

右腿屈蹲，右手坐腕，左手合于右臂内侧（图 3-1-26①）。身体下沉，左脚后撤一大步，脚跟着地（图 3-1-26②）。左脚、右脚依次向左转，同时向左转身，左手掌心向外撩掌，右手坐腕向前平拉刀（图 3-1-26③），上右脚同时撩刀。动作要点为，左手撩掌向左上方划弧，带动右臂与右脚同时向前（图 3-1-26④）。

右弓步撩刀，左手撑于头后上方，成定式，面向西南方向(图3-1-26⑤)。身体后坐，重心后移，右转腰，右脚尖抬起，合双手，反转右腕向右侧挂刀，左手扶于右小臂内侧，眼看刀尖(图3-1-26⑥)。注意，向右转腰以腰带臂，身体略向左倾斜，挂刀至头右侧（右耳旁）。意在拨开对方向我侧面进攻的器械。向右大幅度转腰，翻右腕，转身向右后方斜劈刀（图 3-1-26⑦）。转身斜劈刀成定式，左手向左上方展开掌心向上，头向后转，眼向后看。双臂前后伸开，手、腿、刀成一条斜线（图 3-1-26⑧）。

①

②

③

④

⑤

⑥

⑦

⑧

图 3-1-26　撩挂劈鞭

3. 魔礼挥鞭

朝西北方向上左脚并扣步，同时合双臂合双手，刀背向左回挂，翻腕使刀刃向左，同时向左前方刺出（图 3–1–27①）。左右依次转脚，并向右转身，展开双臂，右手向右上方挑刀，左手向下按掌（图 3–1–27②）。身体转向东南方向，右手将刀举起，刀尖向上，昂首挺胸，左手撑于胯旁，目视前方（图 3–1–27③）。

重心前移至右脚，跟左脚，同时右手翻腕刀尖下落，刀背贴于右肩后，同时左手找右手，并顺右前臂下滑于右大臂内侧（图 3–1–27④）。左膝抬起右脚独立，右臂向上伸拉，右手握刀使刀身直立，左手贴于右臂内侧，面向东南方向，成定式（图 3–1–27⑤），目视前方。

①

②

③

④

⑤

图 3-1-27　魔礼挥鞭

第十式动作要点

第十式动作虽然是刀法，但可以变刀法为鞭法运用，硬打硬进，猛拼猛砸，动作连贯，注意动作方向。

第十一式　潜龙入海惊雷隆

1. 潜龙入海

接上式，左脚前脚掌轻点地，右臂下落前伸，刀背贴于右肩，刀柄向前，左手贴于右前臂内侧（图 3-1-28①）。左脚跟落地，同时将刀向前劈出，双膝略弯，面向东南方向。左脚跟着地的同时用力劈刀，提腕劈刀，力达刀尖端（图 3-1-28②）。

转右脚，身体向右转 45°（图 3-1-28③）。身体转向正南，右手腕外旋，使刀刃向右，刀面平行于地面，左手扶于右前臂内侧，重心移到右脚，左脚掌虚点地（图 3–1–28④）。右转腰展右臂，向右推刀，右腿屈膝，左脚向左后方擦地而出，右腿屈蹲成扑步（图 3–1–28⑤⑥）。转腕使刀刃向左并平行于地面，距离地面 10~15 厘米，同时向左平扫刀(图 3–1–28⑦)。转双脚，身体左转，左手外展，右手继续向前扫刀（图 3–1–28⑧）。

①

②

③

④

⑤

⑥

⑦

⑧

图 3–1–28 潜龙入海

2. **潜龙搅海**

身体转向正东，变扫刀为撩刀，起身将刀撩起，眼睛看刀尖方向（图 3–1–29①）。重心前移至左脚，右脚跟步，同时右腕外旋，收右肘挂刀，使刀垂直于地面，刀尖向下，左手扶于右腕内侧(图3-1-29②)。重心移向右脚，右手腕左转，绞刀，变刀尖向上，刀身垂直于地面，左手扶于刀背（图 3-1-29③)。右手腕左转，绞刀，使刀尖向下，同时掰左脚，左手扶于刀身前端(图 3-1-29④)。重心移向左脚(图 3-1-29⑤)。起右脚，右腿迅速扣脚内摆，同时利用惯性带动身体向左转（图 3-1-29⑥)。意在：用脚击打对方手腕。右脚扣脚下落，身体转向西北方向（图 3-1-29⑦)。右脚落稳，合双脚成并步，上肢和刀的位置保持不动（图 3-1-29⑧)。

①

②

③

④

⑤

⑥

⑦

⑧

图 3-1-29　潜龙搅海

3. **潜龙惊雷**

展开双臂，双腿屈蹲（图 3-1-30①）。合双臂合双手握刀于腹前，刀刃向下，刀尖向西北（图 3-1-30②）。右手将刀平刺出，左手扶于右前臂内侧（图 3-1-30③）。

向左转腰，右手向右旋腕，使刀刃向左，同时向左平推刀（图3-1-30④）。双腿屈蹲，重心移到左脚（图 3-1-30⑤）。扑步，右脚向右后方擦地而出（图 3-1-30⑥）。向右转身，同时右手腕外旋，刀刃向前，向右平推刀，左手外展（图 3-1-30⑦）。继续向前推刀，掰右脚（图 3-1-30⑧）。左手从腰间前穿，掌心向上托住刀背（图 3-1-30⑨）。重心边前移边起身，双手向前将刀推出(图 3-1-30⑩)。重心移到右脚，平稳起身，左腿提膝，右脚独立，双手托刀，面向东南方向（图 3-1-30⑪）。展开双臂，并向右下方斜劈刀，左手撑于头左上方，成定式（图 3-1-30⑫）。注意，斜劈刀要用丹田力，以腰带臂，力达刀前端。

①

②

③

④

⑤

⑥

⑦

⑧

⑨

⑩

⑪

⑫

图 3–1–30　潜龙惊雷

第十一式动作要点

该式包括左扑步扫刀、右扑步推刀和一个内摆腿扣脚。刀法有扫刀、绞刀、推刀等。注意，左扑步时腰先右转，右扑步时腰先左转。

第十二式　乾坤倒悬日月星

1. 平刺转劈

接上式，右腿屈膝，左脚放步向前迈出，脚跟着地，同时合双臂合双手，右手坐腕，平压刀，刀刃向右，刀尖指向正东方向，刀面平行于地面，左手贴于右前臂内侧（图 3-1-31①）。身体前移，重心移向左脚，右手持刀向前（正东）平刺（图 3-1-31②）。重心继续前移，右脚向前迈步，脚跟着地，同时转右手腕使刀刃向下前刺。进步、转腕刺刀同时完成（图 3-1-31③）。身体继续前移，重心移到右脚前刺（图 3-1-31④）。

收腰重心后坐，转右腕使刀刃向左（图 3-1-31⑤）。先转右脚，重心移到右脚，身体左转，抬左脚，同时右手举刀(图 3-1-31⑥)。左脚放步，脚跟着地，面向正北，同时将刀向前劈出，左手横掌拦挡于胸前（图 3-1-31⑦）。

①

②

③

④

⑤

⑥

⑦

图 3-1-31　平刺转劈

2. **乾坤倒悬**

右手向后抽刀，左手掌向前推挡（图 3-1-32①）。左脚扣步，身体右转，左手扶于刀背（图 3-1-32②）。身体转向正南，重心落于左脚，右脚放步，脚跟着地，右手提拉刀，将刀提起，左手扶于刀背，刀刃向前，刀尖向下，成揽刀姿势（图3-1-32③）。

先用刀尖绞刀再挑刀，刀刃向上，刀尖向前，重心仍落于左脚(图 3-1-32④)。重心前移，边移重心边转刀，使刀刃向下（图 3-1-32⑤）。上左脚，脚跟着地，同时左手掌向外撑（图 3-1-32⑥）。扣左脚，向右转身，同时右手向后抽刀（图 3-1-32⑦）。放右脚，脚跟着地，身体转向正北，右手提拉，立刀揽，左手扶于刀背（图3-1-32⑧）。

图 3-1-32⑨为从正面看图 3-1-32⑧的动作。刀尖先绞刀再将刀挑起，左手托刀背，刀刃向上（图 3-1-32⑩⑪背向图）。重心前移，向右脚移重心，同时转刀，使刀刃向下（图 3-1-32⑫）。

①

②

③

④

⑤

⑥

⑦

⑧

⑨

⑩

⑪

⑫

图 3-1-32 乾坤倒悬

3. **跳步横拨**

重心移到右脚，左脚抬起，同时向前平刺刀（图 3-1-33①背向图）。向外摆左脚并落地，重心移到左脚，向左转身，右脚抬起（图 3-1-33②）。右脚轻落地，左腿迅速提膝（换脚跳），利用身体的旋转力，使身体向后转 180°，转身同时，以右臂为圆心转手腕，刀尖向下用力拨挡（图 3-1-33③背向图）。

①

左脚独立，右臂平展，刀尖向下，左手扶于右臂内侧，眼睛平视前方，面向正南成定式（图 3-1-33④）。

②

③

④

图 3-1-33　跳步横拨

第十二式动作要点

第四动跳步横拨，不同于其他拨刀动作，首先外摆左脚再转身跳，要求跳步轻灵转身迅速，拨刀与跳步要同步，右脚定立要稳，身体不能晃动，要如板上钉钉。有些图采用相反方向图，是为了学习方便。

第十三式　紫云盘旋凤出笼

1. 紫云盘风

接上式，右手旋腕，刀与地面平行，两臂外展并与肩平，下肢不变（图 3–1–34①）。双臂体前相合，合双手，刀向正前方平刺，下肢仍不变（图 3–1–34②）。右腿屈蹲，左脚向左横跨一大步，同时转刀，使刀刃向左（图 3–1–34③）。合肩合肘，向左转腰，以腰带臂，向左用力平斩（图 3–1–34④）。回身向右转腰，同时转右腕反转刀，刀刃向右，左手外撑（图 3–1–34⑤）。以腰带臂，向右用力平斩刀。注意左右横斩一定要用腰力，心、意、气、力要合到一起（图 3–1–34⑥）。

①

②

③

④

⑤

⑥

图 3–1–34　紫云盘凤

2. 六合归元

左手合到右大臂上侧，右手翻腕外旋，刀尖下垂，刀刃向外，眼睛看右手（图 3–1–35①）。右手持刀上举，刀柄向上，刀背轻贴于后背，从右肩转到左肩，做缠头裹脑式（图 3–1–35②）。右手持刀柄在头上绕半周，再推向左前方并与肩平，左手准备接刀（图3–1–35③）。左手接刀，双手捧刀下落（图 3–1–35④）。身体转正，面向正南，双手捧于腹前，眼睛平视前方（图 3–1–35⑤）。身体右移，重心移到右脚（图 3-1-35⑥）。向右脚移重心的同时，展开双臂（图 3-1-35⑦）。收左脚，两脚距离与肩同宽，双腿屈膝，合双臂合双手，两手劳宫穴相向，略高于头（图 3-1-35⑧）。双手搂气，从印堂引气下沉（图 3-1-35⑨）。双手从任脉引气下行至丹田，边按边起身（图 3-1-35⑩）。双腿直立，同时双手分开至胯两侧（图 3-1-35⑪）。最后收回左脚，回到预备式姿式（图 3-1-35⑫）。

①

②

③

④

⑤

⑥

⑦

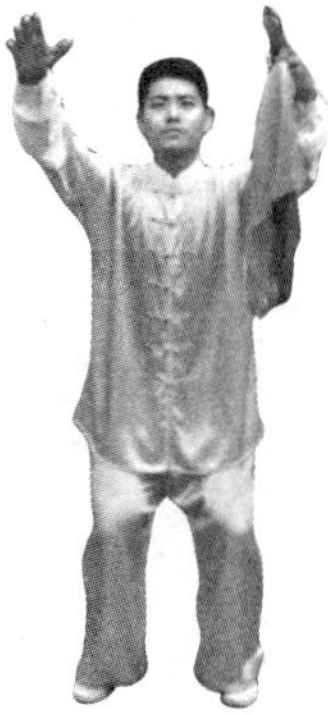

⑧

⑨

⑩

⑪

⑫

图 3-1-35 六合归元

第十三式动作要点

通常在习练套路中，要注意内三合、外三合、内外相合、上下相随、气沉丹田的问题。该式为结束动作，在收式动作中特别要注意收拢周身之气使之回归丹田。

第四章　擒拿滚手刀

擒拿滚手刀是擒拿门的传统刀法套路。这里介绍的滚手刀套路是由著名武术家赵大元先生传授，该套路借鉴了传统八卦掌法、身法、步法，结合各种刀法和擒拿技术的变换，形成了具有独特风格特点的刀法习练套路。该套路以走转、拧裹、钻翻、旋滚等动作为主要风格特点。其刀法主要有劈、扎、撩、砍、抹、带、搅、拉、截、扫等。擒拿滚手刀不同于其他门派的是更加强调刀彩的运用，刀彩不是目前普遍作为装饰的装饰物，它是作为软兵器——鞭来使用。这趟刀右手持刀，正手多是刀法，反手则是鞭法，左手配合右手是擒拿技法，故擒拿滚手刀是刀法、鞭法和擒拿技法的三技相合的一种套路。

长约 90 厘米的刀彩可以辅助刀的攻防。虽然增加了难度，但刀彩结合习练起来，步如行云流水，走刀似蛟龙破浪，劈挂连环，绵绵不断，令人眼花缭乱，提高了观赏性。

本案所用刀，重 2 公斤，刀身长 100 厘米，刀柄长 27 厘米，刀彩长 90 厘米。因此演练起来，就有刀长身矮、但见刀走、不见人行、人随刀转、人刀合一的感觉。

动作要点：整个套路动作要求以腰身的翻转，配合肘和腕的内外旋转，带动手和刀的滚动，来完成攻防和技击动作。要求臂、腕力要强，腰要灵活，步要轻灵。既要表现出刀的威猛，也要表现出赵氏擒拿形如游龙、变化无穷的风格。

一、擒拿滚手刀式子名称

第一式	混元一气刀势起	第二式	乾坤翻转探海底
第三式	燕子抄水反摇旗	第四式	片头拦腰走河堤
第五式	拧旋挂劈臂膀袭	第六式	脑后摘巾龙归西
第七式	左旋右转双命毙	第八式	滚腕双截刺眉齐
第九式	拧裹钻翻取颈奇	第十式	破胸卧步腰腹离

第十一式 截腕退步刀取梨　第十二式 藏刀猛进献大礼
第十三式 青龙翻身斩坐骑　第十四式 断臂截腿势披靡
第十五式 背刀钻翻凤飞西　第十六式 取腕扫腰反摇旗
第十七式 片膀挂劈龙虎气　第十八式 破腹掌穿摘巾起
第十九式 盘云刀法上下迷　第二十式 返身变腰似猫狸
第二十一式 龙旋裹身神不离　第二十二式 横扫崩刀收式齐

二、擒拿滚手刀各式精解

预备式

两脚并立，双手自然下垂，两眼平视前方，含胸收腹，百会上领，沉肩坠肘，周身中正，自然放松。预备式面向正南方向，沿脚前圆圈走转（图 4–1–1①）。

握刀方法：左手握刀，刀柄位于食指与中指之间，食指中指勾住刀柄护手盘，刀身位于左臂内侧，刀背贴于左肩前，刀尖向上，刀刃向前，握刀手型见图 4–1–1②。

①

②

图 4–1–1　预备式

第一式　混元一气刀势起

动作过程：身体微微向右前方倾斜，右手向右前方轻轻抬起，掌心向上，眼睛注视手的运动方向（图 4–1–2①）。右手抬至与颈同高（图 4–1–2②）。

双膝屈蹲，右手掌心向下位于体前，并在腹前自左向右划一平圆，眼睛注视右手的运动方向（图 4–1–2③）。右手划至体右侧，掌心向上迅速穿至正前方，同时向后撤右脚（图 4–1–2④）。向右侧转身，同时左手持刀柄向内翻至体右侧，与右手相合抱刀于腹前，刀刃向上（图 4–1–2⑤）。

右手接握刀柄，同时持刀柄向前划立圆，向左转腰，刀刃向上左手托住刀背（图 4–1–2⑥）。右手回拉刀柄，左手掌按住刀背，先向前劈刀，然后回抽（图 4–1–2⑦）。抽刀至右侧身后，先反撩再崩刀，使刀尖向上（图 4–1–2⑧）。合双臂，右手举刀向前反刺，刀刃向上，左手扶于右臂内侧，同时左脚向右前方趟出，眼睛看起式前方，刀尖指向圆心（图 4–1–2⑨）。

动作要点：起式要注意眼睛和手的配合，眼随手走，劈刀、转身崩刀、反刺刀要做连贯，刀彩要打开。

①

②

③

图 4-1-2 起势

第二式 乾坤翻转探海底

动作过程：接上式，从右脚开始向前趟出三步（图 4-1-3①）。第四步右脚扣步，身体前探右臂前伸，左手扶于右臂内侧（图 4-

1-3②）。右膝屈膝下蹲，左腿后撤，左手从左侧后穿掌（图 4-1-3③）。做仆步势，同时右手腕内旋使刀刃向左平扫，左臂外展（图 4-1-3④）。右手边向前送刀边起身（图 4-1-3⑤）。起身后，右脚开始向前趟三步，刀尖对准圆心（图 4-1-3⑥），目视前方。

动作要点：仆步时刀要与地面平行，起身后要将刀向前推出。

①

②

③

④

⑤

⑥

图 4–1–3 乾坤探底

第三式 燕子抄水反摇旗

动作过程：接上式，左脚扣步（图 4–1–4①）。掰右脚转身，左手从右腋下穿过（图 4–1–4②）。扣左脚钻身，头从右臂下钻过，刀尖始终指向圆心（图 4–1–4③）。双臂外展，身体转正（图 4–1–4④）。向前趟两步，再扣左脚，横向崩刀（图 4–1–4⑤）。先向左转腰，再迅速右转，以腰带臂，用刀柄带动刀彩在身体右侧划立圆（图 4–1–4⑥）。迅速向右转身，左手扶于刀背（图 4–1–4⑦）。横刀于腹前，刀刃向外，左手推刀背，先出右脚向前趟两步，然后扣右脚接下一式（图 4–1–4⑧）。

①

②

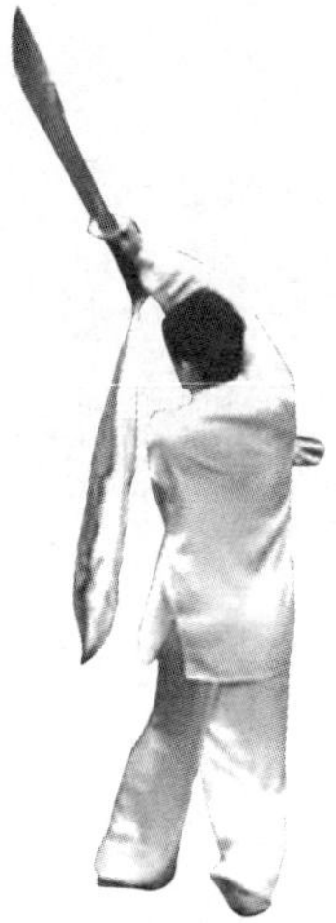

③

④

⑤

⑥

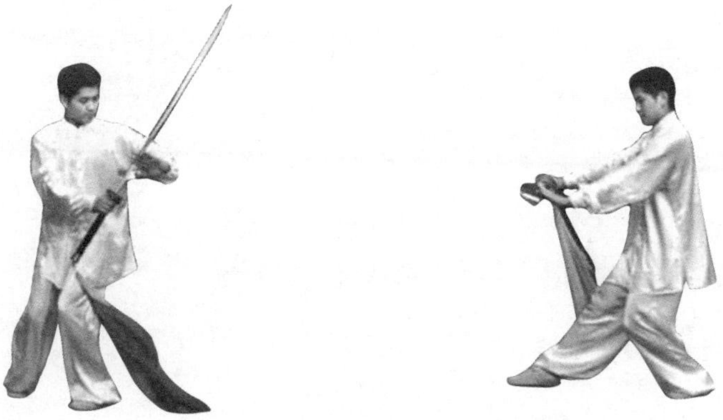

⑦ ⑧

图 4-1-4 抄水摇旗

动作要点：图 4-1-4①~④是一个拧裹钻翻动作，注意脚的掰扣、转腰和钻身，动作要连贯迅速。

第四式 片头拦腰走河堤

动作过程：接上式，扣右脚，向右前方推刀（图 4-1-5①）。右膝屈蹲左脚后撤，左手向体左侧后穿（图 4-1-5②）。身体迅速下蹲，同时右手腕内旋使刀刃向左横扫，意在刀削对方之足（图 4-1-5③）。注意，刀要平行于地面。迅速起身，重心移到左脚，同时收右脚，刀刃向上，刀尖对圆心（图 4-1-5④）。扣右脚翻身，同时刀举过头顶，刀刃向上（图 4-1-5⑤）。转身面向圆心，同时迅速撤左脚，仆步下蹲（图 4-1-5⑥）。身体下蹲向左横扫刀，意在刀削对方之足（图 4-1-5⑦）。重心移到左脚，迅速起身，刀刃向上（图 4-1-5⑧）。起身后右脚向前趟出一步，然后扣左脚接下一式（图 4-1-5⑨）。

①

②

③

④

⑤

⑥

⑦

⑧

⑨

图 4-1-5　拦腰走堤

动作要点：该式动作起伏较大，注意动作要迅速，刀尖要始终指向圆心。

第五式　拧旋挂劈臂膀袭

动作过程：接上式，扣左脚，刀尖指向圆心（图 4-1-6①）。右脚上前趟一大步，同时举刀前刺，刀刃向上（图 4-1-6②）。左脚跟步，同时刀向前刺出，刀刃向上与肩同高，左手合于右臂内侧

（图 4–1–6③）。右手翻腕挂刀。注意，翻腕、收肘、刀贴身（图 4–1–6④）。上左脚举刀前劈（图 4–1–6⑤）。右脚跟步，右手将刀向前劈出（图 4–1–6⑥）。撤右脚向后抽拉刀（图 4–1–6⑦）。转身反撩刀，同时展开双臂，刀刃向外（图 4–1–6⑧）。翻右手腕，刀背迅速回挂，同时左手向右肩内侧合（图 4–1–6⑨）。撤左脚顺势向右下方劈刀（图 4–1–6⑩）。左转身展左臂，变劈刀为拉刀，将刀拉起(图 4–1–6⑪)。上右脚撩刀，左手外展（图 4–1–6⑫）。上左脚举刀过头顶（图 4–1–6⑬）。合双臂，左臂在上右臂在下，左转身下劈刀（片膀），眼睛注视劈刀方向（图 4–1–6⑭）。

①

②

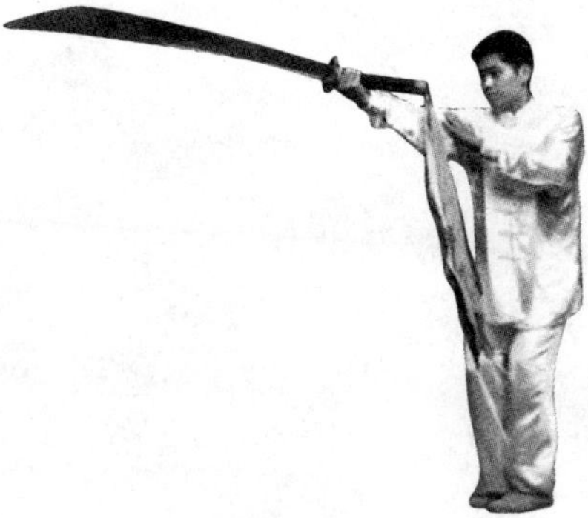

③

④

⑤

⑥

⑦

⑧

⑨

⑩

⑪

⑫

⑬

⑭

图 4-1-6 拧旋劈臂

动作要点：该式刀法较多，有刺、挂、劈、撩、片膀等，注意每一动都要做清楚，步法要求迅速果断平稳，不能拖泥带水。

第六式 脑后摘巾龙归西

动作过程：接上式，右手上举刀，重心落于左脚（图 4-1-7①）。掰右脚，右转身，举刀过头顶，再横刀于右臂前，成横刀揽，左手外展托掌(图 4-1-7②)。重心移到右脚，撤左脚，同时挑刀，使刀刃向上，左手扶于右臂内侧（图 4-1-7③)。撤右脚，右转腰，旋右腕，使刀刃向上。右转身，重心移向右脚，曲右肘回抽刀（图 4-1-7④⑤)。右脚独立，提左膝，右手握刀前刺，刀刃向上，高度与眉平，左手扶于右臂内侧（图 4-1-7⑥)，目视刀尖方向。

①　②　③　④　⑤　⑥

图 4-1-7　脑后摘巾

动作要点：图 4–1–7③④是一个滚手绞刀动作，注意转腰旋腕。

第七式 左旋右转双命毙

动作过程：接上式，向右转腰，右手回抽刀（图 4–1–8①）。右手下落，向右斜削刀（图 4–1–8②）。左脚落步向左前方趟两步，然后扣左脚，右手握刀，刀刃向外，拦腰平扫（图 4–1–8③）。左脚扣步，右脚向右掰脚落步，右转腰同时翻右手腕，使刀背贴于腰间，刀刃向外，左手外展（图 4–1–8④）。扣左脚，双臂裹紧并旋转身体（图 4–1–8⑤）。右脚放步，以腰带臂，将刀拦腰横斩（图 4–1–8⑥），目视刀尖方向。

动作要点：一是，先向左前方趟步，再向右前方掰扣步，转身放步横斩刀，整个过程走了一个“之”字形；二是，做转身横斩刀要以腰带臂，先走刀彩，再走刀，定式成偏马步。

①

②

图 4-1-8　左右旋毙

第八式　滚腕双截刺眉齐

动作过程： 接上式，身体前探，外旋右腕上截刀，刀刃斜向上，意在截对方手腕（图 4-1-9①）。重心后移，内旋右腕使刀刃向左，意在截对方腿，左手合于右手腕（图 4-1-9②）。收右脚，双手平握刀，刀刃向上（图 4-1-9③）。右脚上一大步，左手扶于刀柄（图 4-1-9④）。右脚独立左膝提起，向前平刺刀，边刺边旋腕使刀刃向左，成定式（图 4–1–9⑤），目视前方。

动作要点：先前探身截腕，后坐身截腿，再独立刺眉，三个动作要做连贯，动作目的要明确。

①

②

③

④

⑤

图 4–1–9　滚截刺眉

第九式　拧裹钻翻取颈奇

动作过程：接上式，翻右腕提拉刀，掰左脚（图 4–1–10①）。合双肩，重心移向左脚，同时刀背贴左肩外侧向背后插刀（图 4–1–10②）。扣右脚，右手提刀绕头后，刀背贴身（图 4–1–10③）。刀绕到头右侧时，重心移到右脚，左臂外展，意在用左手揽开对方的器械（图 4–1–10④）。左脚后插步，刀背贴于右上臂（图 4–1–10⑤）。重心下移，双腿屈蹲盘坐，右手持刀柄前落（图 4–1–10⑥）。右手举刀于头前，刀刃向上左手扶于右腕（图4–1–10⑦），目视前方。

①

②

③

④

⑤

⑥

⑦

图 4-1-10　拧翻取颈

动作要点：脚步的动作是先掰左脚，扣右脚，然后插左脚，定势成盘腿。做一个缠头绕颈式 450°。

第十式　破胸卧步腰腹离

动作过程：接上式，起身扣右脚（图 4-1-11①）。撤左脚，同时抱刀于胸前，刀背贴于右大臂外侧，刀刃斜向上，左转身（图4-1-11②）。转身同时右手握刀柄向左侧领刀（图 4-1-11③）。注意，先走刀彩，再走刀。右脚向左脚后插步，同时向身体左侧撩刀，左手扶于右臂内侧，左转头眼睛注视刀尖方向（图 4-1-11④）。

①　②

③　④

图 4-1-11　卧步分腰

动作要点：扣右脚，撤左脚，左转腰，由右向左撩刀。

第十一式　截腕退步刀取梨

动作过程：接上式，边撤右脚边回旋右手腕，使刀刃外旋（图 4-1-12①）。重心移到右脚，同时顺右耳旁回抽刀，左掌前推，刀刃向上，刀尖向前（图4-1-12②）。右腿独立左腿提膝，右手用力将刀刺出，刀与眉同高，意在用刀尖刺对方头部(图 4-1-12③)。

①

②

③

图 4-1-12　退步取梨

动作要点：这是一个滚手绞刀动作，注意手腕的内外旋转，通过手腕的旋转带动刀的滚动。

第十二式　藏刀猛进献大礼

动作过程：接上式，右转腰，同时右手向后抽拉刀，左手扶刀背，同时右转头眼睛注视刀身（图 4–1–13①）。趟左脚并掰步，刀贴身而下，藏刀于腰右侧（图 4–1–13②）。扣步上右脚，向左前方 45°刺刀，意在刺对方腹部（图 4–1–13③）。

①

②

③

图 4–1–13　藏刀献礼

动作要点： 刀是向左前方斜 45°方向刺出。

第十三式　青龙翻身斩坐骑

动作过程： 接上式，左转身，举刀过头顶，注意刀柄向上刀尖向下（图 4-1-14①）。举刀绕于脑后（图 4-1-14②）。刀从头顶向左前方下落，收腰、收腹、提左膝、切刀（图 4-1-14③）。左膝提起，刀下切位于腹前，意在用刀切对方手腕，成定式（图 4-1-14④）。

动作要点： 刀要贴身，是一个缠头裹脑式，转身要迅速。

①

②

③

④

图 4-1-14　青龙斩骑

第十四式　断臂截腿势披靡

动作过程：接上式，提右腕拉刀（图 4–1–15①）。刀柄提拉过头顶，左手掌下撑，双脚姿势不变（图 4–1–15②）。向左后方撤左脚，同时向右侧下劈刀（图 4–1–15③）。左转身拉刀（图 4–1–15④）。上右脚，向前撩刀（图 4–1–15⑤）。重心移到右脚，左脚跟步，右手提拉刀（图 4–1–15⑥）。左脚向左前方趟出一大步，右脚跟步，同时向左转身并劈刀（图 4–1–15⑦）。撤右脚，右手抽拉刀(图 4–1–15⑧)。右转身，反撩刀（图 4–1–15⑨）。右手翻腕崩刀(图 4–1–15⑩)。重心下落左膝屈蹲成仆步，立刀于右腿之上，眼睛注视刀身前方（图 4–1–15⑪）。

①

②

③

④

⑤

⑥

⑦

⑧

⑨

⑩

⑪

图 4-1-15 断势披靡

动作要点：该式刀法有拉刀、劈刀、撩刀、崩刀等，注意动作要到位，转身和步法要做清楚，不要拖泥带水。

第十五式 背刀钻翻凤飞西

动作过程：接上式，将刀背贴于右肩前，其他姿势不变（图4-1-16①）。向左转腰，同时右手将刀柄推到腰左侧，刀背贴于右肩前，双脚位置不动（图 4-1-16②）。向左推刀柄到极限位置，双手抱刀（图 4-1-16③）。重心移到左脚，收右脚，向右转腰转身，掰右脚，同时刀柄向右上方打，左手外展，刀背仍贴于右肩。刀柄自左向右划了半个立圆（图 4-1-16④）。继续向右转腰，重心移到右脚。扣左脚，同时刀柄随腰转向右后方打（图 4-1-16⑤⑥）。右转腰到极限位置，刀柄也随腰转到体右后侧，刀背贴身，横刀于肩背部（图 4-1-16⑦）。外摆左脚，向上举刀柄，刀背贴于左肩，刀尖向下（图 4-1-16⑧）。扣右脚，刀尖顺左肩向内再向下插至左腋下，使刀尖藏于左腋内（图 4-1-16⑨）。转身放左脚，左手压刀背（图 4-1-16⑩）。成左弓步前刺，刀向前刺出，左手撑于头左上方（图 4-1-16⑪），目视前方。

①

②

③

④

⑤

⑥

⑦

⑧

⑨

⑩

⑪

图 4–1–16　飞凤钻翻

动作要点：该式是一个转身大摇动作，通过腰身的大幅度转动带动手臂完成整个动作。一是脚的掰扣一定要到位，先是掰右脚扣左脚，再掰左脚扣右脚；二是刀柄的左右上下摆动要随腰身转动做到极限位置。

第十六式　取腕扫腰反摇旗

动作过程：接上式，掰右脚，右手做滚手绞刀，向右转腰（图 4–1–17①）。扣左脚向右转腰，头从右臂下钻过翻身（图 4–1–17②）。身体转正，右手握刀柄，刀刃向上，左手外展掌心向上，右脚向前趟一步（图 4–1–17③④）。左脚向左前方趟出一大步，同时举刀（图 4–1–17⑤）。向左前方劈刀，同时右脚跟步（图 4–1–17⑥）。后撤右脚拉刀（图 4–1–17⑦）。

向后转身撩刀，左手顺势沿刀背穿掌将刀托起挑刀（图 4–1–17⑧）。再向后转身，刀背顺左肩横向划到右肩（图 4–1–17⑨）。刀从右肩划下，立刀于右臂前，同时右膝提起左腿独立，左手撑于头左上方（图 4–1–17⑩），目视前方。

①

②

③

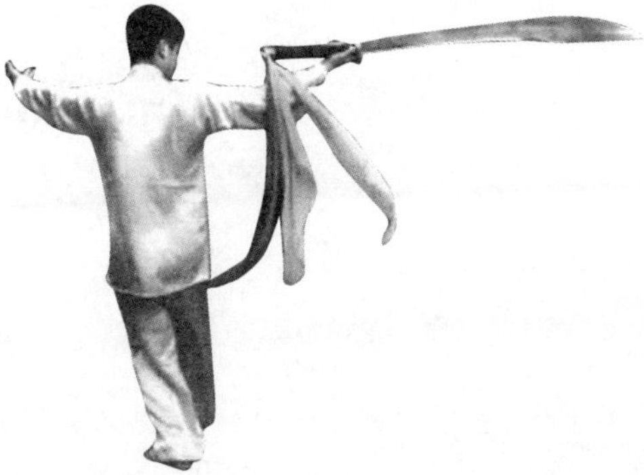

④

⑤

⑥

⑦

⑧

⑨

⑩

图 4–1–17　扫腰摇旗

动作要点：图 4–1–17①~③是一个拧裹钻翻动作，注意掰扣步和钻身；图 4–1–17⑧是一个穿掌挑刀动作，左手沿刀背穿掌，挑刀再转身立刀。

第十七式　片膀挂劈龙虎气

动作过程：上右脚，旋右腕，向前撩刀（图 4–1–18①）。刀撩起来，重心移到右脚（图 4-1-18②）。向左转身，左脚向前趟一大步，举刀过头顶（图 4-1-18③）。右脚跟步，同时将刀向左劈出（片膀，图4-1-18④）。

动作要点：上步撩刀、转身劈刀动作要做开，幅度要大，撩刀、劈刀要做到位。

①

②

③

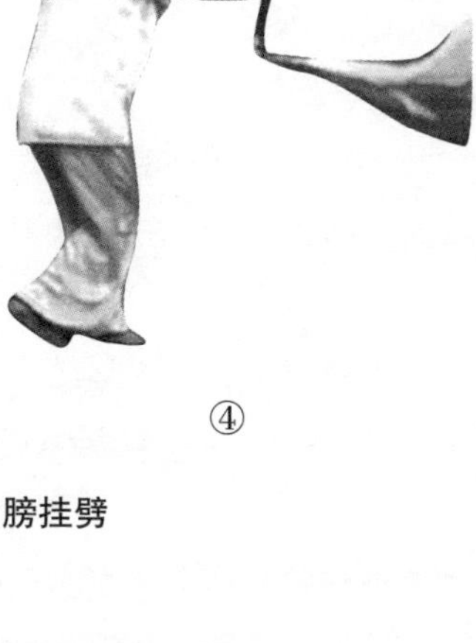

④

图 4-1-18　片膀挂劈

第十八式　破腹掌穿摘巾起

动作过程：接上式，撤右脚，向右转身横拉刀（图 4–1–19①）。重心移到右脚，上左脚并扣步，右手翻腕提拉刀，左手顺势扶于右臂内侧，刀尖向下，竖刀位于左臂外侧（图 4–1–19②）。向右转身，同时双手合力向上提刀柄，使刀背轻贴于左肩背（图4–1–19③）。身体向右转，同时右转髋，使刀背贴于右臂外侧，左手扶于右臂内侧，眼睛注视右臂方向(图 4–1–19④)。

①

②

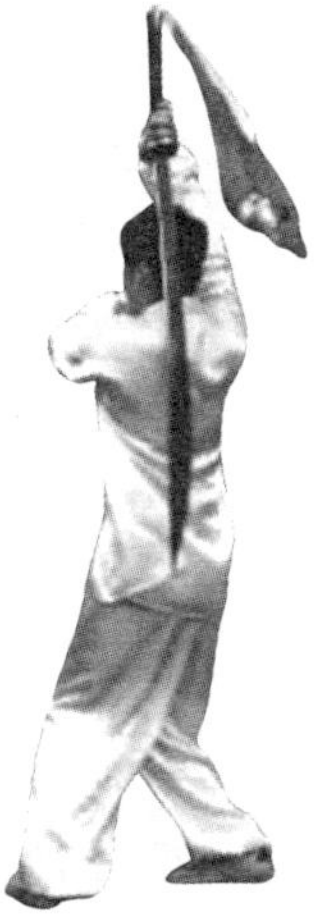

③

④

图 4–1–19　破腹摘巾

动作要点：图 4–1–19②将刀提拉到左肩后，刀不动，只是向右转身转髋，使刀背从左肩横移至右臂外侧（参见图 4–1–19④）。

第十九式　盘云刀法上下迷

动作过程：接上式，刀柄移向左侧，刀刃向外，双手交叉横刀抱于胸前（图 4–1–20①）。右脚后撤一步，左转腰，同时向左后方平扫刀，眼睛注视刀的方向（图 4–1–20②）。向右转腰，同时竖刀揽（刀尖向下，图 4–1–20③）。继续右转腰，推刀至体右后方（图 4–1–20④）。重心移到右脚，同时左手托刀将刀尖挑起，两手交叉，刀身平行于地面，与肩同高，刀刃向外（图 4–1–20⑤）。掰左脚，同时在头额上方云刀（刀刃向左扫，图 4–1–20⑥）。扣右脚，交叉双手（图 4–1–20⑦）。左脚向左放步，同时刀向左下方扫，双手与腰同高（图 4–1–20⑧）。向左转腰扫刀至极限位置，眼睛注视刀的方向(图 4–1–20⑨)。

动作要点：这是一个云刀动作，注意脚的掰扣，边转腰边云刀，云刀的位置在头的前上方。

①

②

③

④ ⑤ ⑥ ⑦ ⑧ ⑨

图 4-1-20　盘云刀迷

第二十式　返身变腰似猫狸

①

动作过程： 接上式，移重心到左脚，收右脚，同时翻右手腕，使刀刃向外，刀背贴于腰左侧，左手外展（图 4–1–21①）。掰右脚，向右转腰（图 4–1–21②）。扣左脚，双手合抱（图 4–1–21③）。重心移到左脚（图 4–1–21④）。放右脚右转身，拦腰横斩刀，横斩刀要以腰带臂（图 4–1–21⑤），目视刀的方向。

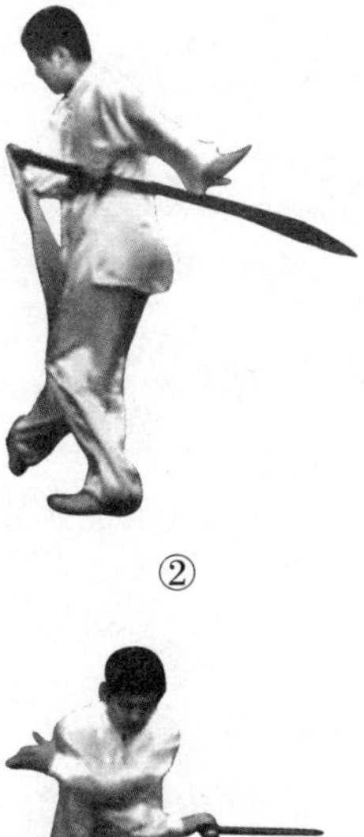

②

③

④

⑤

图 4–1–21　狸猫变腰

动作要点：掰右脚，步伐要大，扣左脚步伐要小，旋转身要迅速，重心要稳，身体不能摇摆，横斩刀要以腰带臂。

第二十一式　龙旋裹身神不离

动作过程：接上式，向左转身上左脚，举刀前劈(图 4–1–22①)。右脚跟步，向左前方劈刀（图 4–1–22②）。撤右脚右转身拉刀(图 4–1–22③)。重心移到右脚，上左脚扣步，右手提拉刀至左肩外侧，左手扶于右手臂（图 4–1–22④)。右转身，将刀移至右肩外侧，刀背贴身（图 4–1–22⑤)。转腰挑刀，刀刃向上（图 4–1–22⑥)。撤右脚，旋右腕使刀刃向下(图 4–1–22⑦)。右脚独立，左膝提起，右手举刀前刺，刀刃向上，左手合于右臂内侧（图 4–1–22⑧)，目视前方。

动作要点：图 4–1–22⑥⑦是一个撤步滚手绞刀动作，注意转腰、旋腕、滚手、绞刀，动作要连贯。

①

②

③

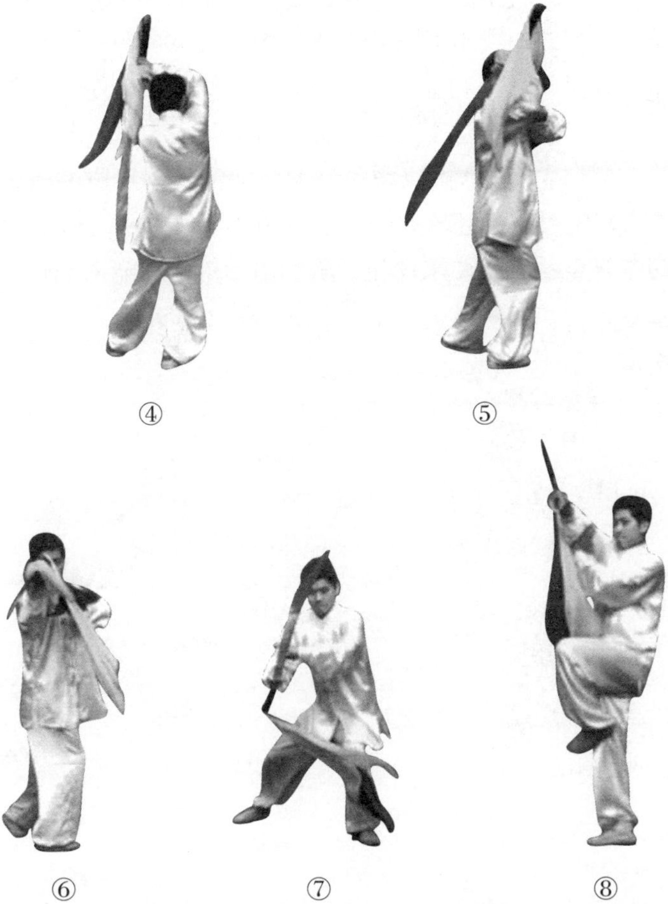

图 4-1-22 龙旋裹身

第二十二式 横扫崩刀收式齐

动作过程：接上式，右转身，向右上方举刀，左手掌下按(图 4-1-23①)。右腿屈蹲，重心下沉，左脚向左跨一大步，同时向右下方斜劈刀(图 4-1-23②)。向左转腰，以腰带臂向左横扫刀

（图 4–1–23③）。扫刀至体左侧，右手坐腕崩刀，同时左手接刀，右手交刀后变掌心向上并合于左手之上（图 4–1–23④）。收左脚双脚并拢，双腿屈蹲，右手掌心向外并向右侧划弧，左手抱刀于左臂内侧，成立刀，眼睛注视右手方向（图 4–1–23⑤）。起身直立，右手在体右侧划立圆至胸前下按（图 4–1–23⑥）。双脚并立，双手自然下垂，气沉丹田，还原起式姿态（图 4–1–23⑦）。

动作要点：收式要求动作干脆利落，横扫和崩刀动作要快，左手接刀后起身动作要慢，眼睛要注视手的运动方向。

①

②

③

④

⑤　　⑥　　⑦

图 4–1–23　收式

第五章　擒拿直趟走刀

擒拿直趟走刀是在练习擒拿柔刀和擒拿滚手刀的刀法基础上，通过与其他器械的对练来进一步研习刀的实用技法。套路由两人进行演练，其中一人为刀法练习者，另一人为配合前者的练习者，可持有刀、枪、杆、棍或其他器械进行对练。在以下动作图解中以长杆为例，练习时须注意几点事项。

1. 甲所持的刀带有刀彩，在套路练习过程中有时需先走刀彩，再走刀。刀彩不仅仅是供欣赏之用，刀彩中带有铁链，具有缠绕对方器械、抽打对方等类似软兵器的攻防作用，同时还可扰乱对方视线趁机进刀取胜，故不可小视。

2. 练习刀法者（以下图示中为甲）行走的路线为直线，而配合者（以下图示中为乙）行走的路线则位于前者的两侧，为“之”字形。

3. 练习过程中可根据练习者自身的步伐大小以及所持器械的长短适当调整彼此之间的距离，例如长兵器的攻击距离大，短兵器的攻击距离小，故套路练习中的步伐可根据具体情况适当增减，不必拘泥。作为初学者，可先依照下列动作图解中的标准进行练习，待熟练后可自行调整。

4. 双方需注意，在练习过程中当用自己的器械拦开对方器械时，人应该始终位于自己器械的后侧来进行自我保护，以防止对方变化兵器的方向攻击到自己。

第一节　擒拿直趟走刀第一趟

一、擒拿直趟走刀第一趟式子名

第一式　深涧取泉　　第二式　劈山救母
第三式　云龙绕柱　　第四式　退山盘云

第五式　彩云三叠　　　第六式　脑后摘巾
第七式　金针入地　　　第八式　蛟龙伏海

二、擒拿直趟走刀第一趟套路精解

甲：实用刀法练习者（身着蓝色衣服）。
乙：配合甲的练习者，所持器械以长杆为例（身着白色衣服）。
以下动作描述中甲乙的先后顺序代表了动作的主动方和被动方。

起式

动作 1

甲：双脚并拢站立，左手竖直抱刀，刀背紧贴小臂，刀刃朝前，以中指勾住刀彩末端，右手自然下垂，目光平视远方。

乙：双脚并拢站立，右手握杆，杆直立，下端距离地面一定高度，左手自然下垂，目光平视远方。（图 5–1–1）

图 5–1–1

要点：甲乙双方站立时身形要正，丹田收紧。双方所持器械要竖直，不可侧歪，手要拿稳。

动作 2

甲：松开中指，放下刀彩。

乙：身面微向左斜，左手抽杆，右手下滑至杆末端，将杆向前方伸出，杆与手臂在一条线上。右肩尽量前伸，右手掌心向上，杆下端置于地面，眼看向杆尖端。（图 5-1-2）

图 5-1-2

要点：乙右手拿住杆的一端，杆贴于小臂使其与手臂在一条线上。乙虽身体微侧，但头要顶直，不可前探，收下颌。

动作 3

乙：转腰带动右手沿弧线划到身体左侧，同时左手置于右手腕处，左手背向上，右手掌心向外。眼随杆走。

甲：头和目光转向乙。（图 5-1-3）

图 5–1–3

要点：甲转头时刀的位置不动。乙走杆时用腰带动，动作圆润。

动作 4

乙：丹田收紧，身面转向左侧，双手相合，右手将杆收至左肘下，杆水平（即平行于地面），此时全身裹紧。迈右步，腰胯和上身转向右侧，头和目光快速转向甲，同时双手展开，左手后撑，右手握杆指向甲，杆在此运动过程中始终保持水平，后腿（左腿）蹬直，两脚成弓步，重心前八后二（若杆太重，可将杆一端担于右肘下）。

甲：撤右步，重心移至右脚，左手抱刀不变。（图 5–1–4、图 5–1–5）

要点：乙在出杆前全身裹紧，丹田收住，先合再开。出杆时头和目光要先看向甲再走杆，杆尖端要水平，不可下落。整个动作过程用腰带动。甲做好防攻击准备。

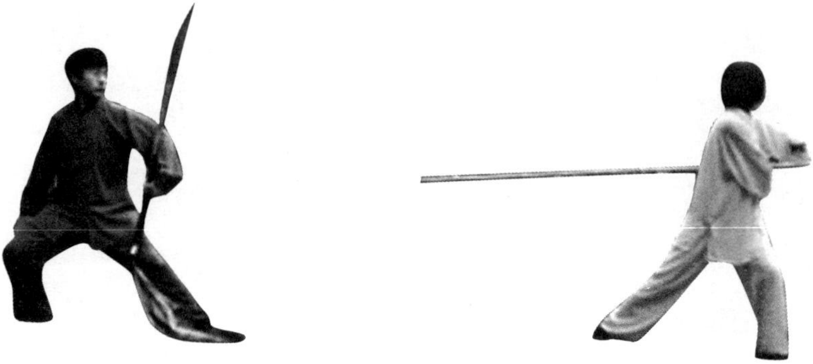

图 5-1-4

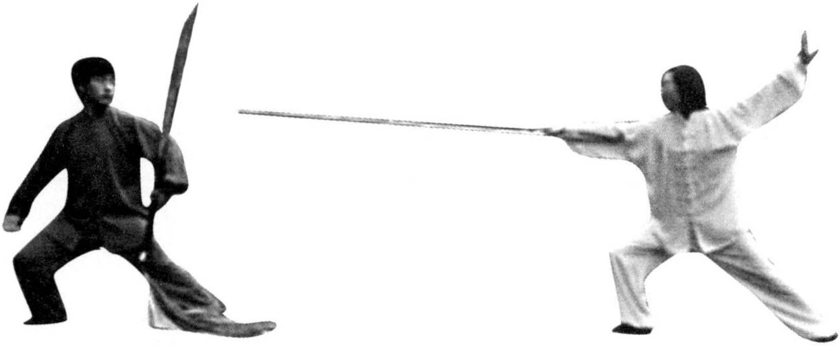

图 5-1-5

第一式 深涧取泉

动作 1

乙：重心前移至右脚，上左步，同时左手掌心向上托杆，然后重心再由右脚移至左脚，提右腿，右脚尖绷直护裆，同时右手握杆旋转至掌心向外并回收至胸前，左手握杆沿斜下方伸出，杆尖斜向下指向甲（即枪法“拦拿扎”中的“拦”法）。

甲：左手将刀柄收至腹前，右手握住刀柄，双手成抱刀式，刀尖斜向上指向乙，刀刃向上。（图 5–1–6）

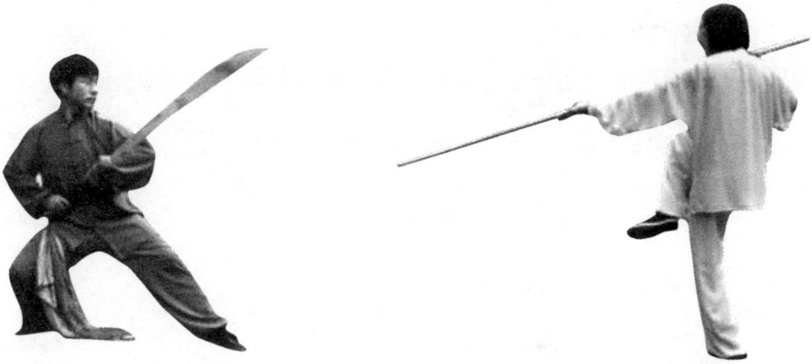

图 5–1–6

要点：动作结束后甲握刀时刀要贴住自己前臂，刀尖指向乙，不可左右偏离。乙提杆时杆要贴住身体，右肘下沉且贴住身体，右脚尖绷直。

动作 2

乙：落右步，上左步，同时右手划一大圈，左手划一小圈（即枪法“拦拿扎”中的“拿”法），重心前移至左脚，右手伸出，丹田发力将杆刺向甲（即枪法“拦拿扎”中的“扎”法）。

甲：坐胯转腰（向左转），用刀背将杆拨开。（图 5–1–7、图 5–1–8）

要点：乙做“拿”法时双手旋转力量要合，左手尽量右翻，将杆刺出时后手（右手）尽量前伸，后腿（右腿）蹬直。甲坐胯转腰时下盘要沉稳，将丹田力量集中发于刀背拦开乙的杆，不要用手臂之力去拦，眼看向对方刺杆。

图 5–1–7

图 5–1–8

动作 3

甲：左手刁拿对方器械，同时右手接刀柄，将刀收至右腰间。上右步，右手从腰间伸出将刀刺向乙。

乙：在甲左手刚要刁拿杆的瞬间，右手迅速将杆回抽，重心由左脚移至右脚，撤左步，左手在上，右手在下，拦挡对方刺刀，注意右手指均藏于杆后侧，以防对方顺势将刀沿杆下滑伤及手指。(图 5–1–9、图 5–1–10)

图 5–1–9

图 5–1–10

要点：甲左手的刁拿与右手的走刀要同时，刀刺向乙时后手（左手）要微弯后撑。乙抽杆要及时，拦开对方刺刀时上手（左手）基本不动，主要靠下手（右手）用力推开刀，人闪于刀和杆的后侧。

第二式　劈山救母

动作 1

乙：上右步，左手沿杆下滑至右手上方，双手握杆向前伸出，从右侧击打对方左太阳穴。

甲：移动右脚至横步，转腰崩刀，左手按住刀面，双手合力用刀背拦开对方器械，注意将身体闪于刀和杆的后侧。（图 5–1–11、图 5–1–12）。

要点：甲崩刀时主要靠手腕用力回坐将刀崩回，手臂运动幅度不需太大，用刀背拦开杆时刀面与杆成一斜角度，并非整个刀面贴于杆上。

图 5–1–11

图 5–1–12

动作 2

甲：上右步，提左脚，双手打开，右手握刀从上方劈向对方，左手后撑。

乙：右手回抽杆，左手沿杆上滑，撤右步，左手向下压杆，右手向上抬杆，双手交叉用杆左端挡住对方劈刀，右手指藏于杆下方，身体侧面及目光转向刀。（图 5–1–13~图 5–1–15）。

图 5–1–13

图 5-1-14

图 5-1-15

要点：甲左脚提起护裆，脚面绷直，左手斜向上后撑与前手劈刀相合；乙在拦架对方劈刀时身体也要相应躲闪至安全位置。

第三式 云龙绕柱

动作 1

乙：上右步（可先并步再前迈），左手向上立杆，同时右手滑至杆下端。从右侧用杆抽打对方左腰部位，此时左手在出杆过程中自然滑至右手所在的杆端。

甲：向后落左步，右脚用脚尖踮地回撤，同时翻右手腕，用刀背下压对方进杆，左手配合右手按住刀面，刀面与杆成斜角度，不要紧贴杆。（图 5–1–16~图 5–1–18）

要点：乙的双手不要死抓着杆不动，需随时灵活变化杆的位置和方向。甲需先撤后步（左步）才能将身体向后移动，若直接撤前步（右步），上身并未向后移动，仍在杆的攻击范围以内，不能起到躲闪之作用；并且为防止撤步距离不够仍被杆攻击，甲可将腹部紧收，臀部后顶，加大躲闪距离。

图 5–1–16

图 5-1-17

图 5-1-18

动作 2

甲：掰右步，扣左步，同时左手掌心外翻，用左手臂拦开杆，右手收至左腰间，双手交叉合住，丹田裹紧；左手刁拿对方器械，放右步，重心前移，翻身转腰，右手握刀从腰间横劈向乙，左手后撑。

乙：在对方刁拿杆的同时，右手将杆抽回，左手前滑，撤右

步，右手在上左手在下以杆拦住对方横劈刀，身体位于杆和刀的后侧。（图 5-1-19~图 5-1-21）

要点：乙撤步时也可先撤后步（左步）再撤前步（右步），可根据实际距离调整步伐；甲转身前全身裹紧，翻身要快，此动作与上一动作尽可能连贯，横劈刀时可先走刀彩再走刀。

图 5-1-19

图 5-1-20

图 5-1-21

第四式　退山盘云

动作 1

乙：拦架对方劈刀后，用腰带动摇杆，拨开对方器械，上右步，双手微松滑至杆的一端，用杆另一端从右侧击打对方左膝盖。

甲：撤左步，并右步，右手将刀下挂，用刀背拦开对方器械，左手位于刀面下方配合右手。（图 5-1-22~图 5-1-25）

要点：乙摇杆拨刀时一定要将刀彻底拨到身体左侧使之对自己没有威胁，并用杆压住刀；乙上步进攻时，杆位于右手虎口处，用身体整个力量横扫对方左腿，不要仅用胳膊力量。甲挂刀时，刀不要离身体太远，应尽量贴近身体左侧，人藏于杆和刀后侧。

动作 2

甲：上右步，提左脚，双手展开，右手握刀从正上方垂直向下劈向对方头部（此时可先走刀彩再劈刀），左手后撑。

乙：左手将杆抽回，右手滑至杆另一端，撤右步，左脚踮尖拉回，同时左手滑向右手方向，将杆斜向上拦挡对方上劈刀，左手指藏于杆后。（图 5-1-26、图 5-1-27）

图 5-1-22

图 5-1-23

图 5-1-24

图 5-1-25

图 5-1-26

图 5–1–27

要点：乙用杆拦刀时为便于丹田发力，右手握住杆的一端收至丹田处基本不动，主要靠左手推杆拦架对方劈刀。

第五式　彩云三叠

动作 1

乙：上左步，从左侧用杆击打对方右太阳穴处。

甲：刀顺着对方杆下滑，向后落左步（若距离太近，可再向后撤右步），并右步，翻右手腕使刀柄向上，收肘将刀背贴于右上臂，左手按住刀面帮助拦架对方器械。（图 5–1–28~图 5–1–30）。

要点：乙用杆击打时用身体力量。甲拦架时头部应躲闪于刀的后侧，为防止杆碰到右肩，刀面应于右上臂成一斜角度。

动作 2

甲：上右步，左手推刀，刀水平从右侧抹向乙。

乙：抽杆，撤左步，左手在上，右手在下，用杆拦挡对方抹刀。（图 5–1–31、图 5–1–32）

图 5-1-28

图 5-1-29

图 5-1-30

图 5-1-31

图 5-1-32

要点：甲左手先按住刀面推刀从而将杆推开，再用虎口推刀背辅助右手进刀；乙拦挡时身体闪于刀和杆的后侧。

动作 3

甲：上左步，同时左手用虎口夹住刀背回收，右手用刀柄末端从左端击打对方器械，刀身水平。

乙：来不及躲闪，只能将握杆的上手（左手）松掉，杆的上端向自身左侧落下。（图 5-1-33、图 5-1-34）

要点：甲的动作要很快，以致对方来不及撤步躲闪；另由于刀柄长度小，攻击距离短，故击打对方时双手要尽量前伸。

动作 4

甲：重心下沉，让刀水平地从头上划过，左手拿住刀背在头上划一弧线后从左侧水平进刀，左手仍于刀背处帮助推刀。

乙：左手接住掉落的杆，撤右步，右手握杆的一端向上，左手在下拦架对方进刀。（图 5-1-35、图 5-1-36）

要点：甲握住刀柄的右手要松，不要抓死，便于刀柄在手上转换方向。

图 5-1-33

图 5-1-34

图 5-1-35

图 5-1-36

第六式　脑后摘巾

动作 1

乙：右手向上抽杆，同时左手滑至杆下端，提腿（可根据两人之间的距离大小决定提哪条腿：若距离太近，乙可提左腿以加大与甲的距离；若距离太远，乙可提右腿来拉近与甲的距离），同时右手也滑至左手一端，双手握住杆的一端从上方击打甲的头部。

甲：双手从前方将刀水平地上推，用刀面在头顶上方拦架乙的杆，此时刀刃朝向身后，双手架刀向头后移动，同时上右步，身体前移。（图 5-1-37~图 5-1-39）

要点：该动作中乙用杆端击打甲的头部（吊杆），并非用整个杆向下砸，因此双手握住杆的那一端应尽量上抬。甲用双手架刀在头顶上拦挡进杆时，身体一定要向前运动，不可停在原地，即身体和双手是相向运动的。

图 5–1–37

图 5–1–38

图 5-1-39

动作 2

甲：接上一动作落右步后，双手快速将刀从右侧抹向乙腹部，左手在刀背处，刀仍水平。

乙：落步（向后落右步），杆回抽拦挡不及，只能将腹部收住，臀部后顶，让刀在自己腹前划过但未触及身体。（图 5-1-40~图 5-1-42）

图 5-1-40

图 5-1-41

图 5-1-42

要点：甲的动作要很快，以致乙来不及拦挡；乙尽量后撤，关键是腹部尽量向后回收，躲开刀攻击的范围。

动作 3

甲：紧接上一动作，从左侧翻身，进左步，重心前移，刀水平地转一圈再次从乙的左侧抹向乙。

乙：撤左步，右手在下，左手在上，用杆拦挡对方抹刀。（图5-1-43~图 5-1-45）

要点：甲的动作要快，且与上一动作要连贯。

图 5-1-43

图 5-1-44

图 5-1-45

第七式　金针入地

动作 1

乙：上右步，双手微松，杆自然下落，左手滑至杆上端，用另一端刺向甲的左膝盖。

甲：重心后移，左脚回撤，收丹田，提左腿，同时向左侧转腰，刀下挂拦挡对方进杆，左手位于刀内侧，加大拦挡力量，刀背仍与杆成一斜角度。（图 5-1-46、图 5-1-47）

要点：甲的动作靠丹田带动，提腿与挂刀同时进行，动作协调。甲挂刀时刀要贴近身体左侧，腰尽量左转。

动作 2

甲：挂刀后左手刁拿对方器械，同时向前落左步，身体继续左转，双手交叉相合，刀背贴向后背，迈右步，为横劈刀做好准备。

乙：左手回抽杆避免被对方刁拿，重心后移，准备拦架。（图5-1-48、图5-1-49）

要点：甲的身体尽量裹紧。

图 5-1-46

图 5-1-47

图 5–1–48

图 5–1–49

动作 3

甲：重心前移，同时将刀从左腰间水平地横劈向乙，此时可先走刀彩再走刀，左手后撑。

乙：撤右步，左手在上，右手在下，用杆拦挡劈刀。（图 5–1–50~图 5–1–52）

要点：乙的右手手指藏于杆后。

图 5-1-50

图 5-1-51

图 5-1-52

第八式　蛟龙伏海

动作 1

乙：提右腿，右脚护裆，脚面绷直。左手滑至右手一端，将杆另一端（前端）平刺向甲的头部。

甲：重心移至左脚并下沉成下势，同时右手将刀翻成刀刃向上、刀背向下，并紧贴在右前臂上，左手与右手抱住刀柄，刀尖指向乙。（图 5-1-53、图 5-1-54）

要点：甲抱刀时刀背靠在右前臂上，不可悬空，刀柄落于右手虎口处。

动作 2

甲：重心移至右脚，同时起身翻刀刺向乙，刀刃向下，刀背向上，左手后撑。

乙：向后落右步，右手将杆回抽，左手滑至杆另一端；再撤左步，向左侧转腰，同时右手用杆击打对方刺刀的刀背处。（图 5-1-55~图 5-1-57）

图 5-1-53

图 5-1-54

图 5-1-55

图 5-1-56

图 5-1-57

要点：乙在拦挡对方刺刀时，上手（左手）基本不动，下手（右手）可用虎口推杆击打对方刀背，击打时用全身之力，不是仅胳膊用力。

收式

动作 1

甲：顺着乙击打刀背的力量方向，刀向右侧水平地展开，撤右步。右手握刀继续向身后横劈，然后背刀，将刀柄置于左手，刀背贴于左前臂上，刀尖朝向身后，眼看向左手刀柄处。

乙：接上一动作，击打对方刀背后，重心移至左脚，同时右手向上托杆，眼看向托杆方向；然后使杆直立并将杆置于身体左侧，杆下端着地，此时眼看向左侧的杆。（图 5-1-58~图 5-1-62）

要点：甲乙双方的动作节奏要配合好，乙向右侧上方托杆时甲的刀也走到右侧；乙的杆落回左侧时，甲手上的刀柄也刚好交于左手，最后两人目光方向一致。

图 5-1-58

图 5-1-59

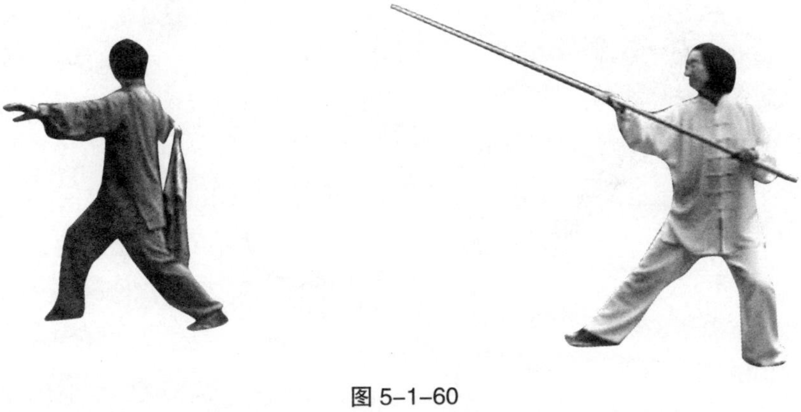

图 5-1-60

图 5–1–61

图 5–1–62

动作 2

甲：用丹田力量将双手收至腹前，重心完全位于右脚，然后并左步，膝盖微弯，同时左手拿住刀柄将手放下，右手掌心向上向身体右侧水平伸出，此时眼看向右手。

乙：并右步，膝盖微弯，右手掌心向上向身体右侧水平伸出，眼看向右手。（图 5–1–63）

要点：双方并步，右手伸出等动作要同时，步调一致。

图 5–1–63

动作 3

甲：双腿慢慢直立，同时右手向上托举，并划一弧线至正前方一定高度处翻成掌心向下，下按至腹前，左手握刀使刀直立，刀背贴于前臂，刀刃朝前。

乙：双腿及右手动作同甲，左手握杆，杆直立于地上。（图 5–1–64~图 5–1–67）

图 5-1-64

图 5-1-65

图 5-1-66

图 5-1-67

要点：动作完成时，右手臂应撑圆，在腹前成一定弧度。双方动作节奏要一致。

动作 4

甲乙：放下右手，目光平视远方，动作结束。（图 5-1-68）

图 5-1-68

第二节　擒拿直趟走刀第二趟

一、擒拿直趟走刀第二趟式子名

第一式	五丁开山	第二式	乌龙摆尾
第三式	玉蟒穿山	第四式	红绫绞海
第五式	紫燕衔泥	第六式	雾断横山
第七式	乾坤倒转	第八式	神归灵山

二、擒拿直趟走刀第二趟套路精解

甲：实用刀法练习者。

乙：配合甲的练习者，所持器械以长杆为例。

以下动作描述中甲乙的先后顺序代表了动作的主动方和被动方。

起式

动作 1

甲：双脚并拢站立，左手竖直抱刀，刀背紧贴前臂，刀刃朝前，以中指勾住刀彩末端，右手自然下垂，目光平视远方。

乙：双脚并拢站立，右手握杆，杆直立，下端距离地面一定高度，左手自然下垂，目光平视远方。（图 5-2-1）

图 5-2-1

要点：甲乙双方站立时身形要正，丹田收紧。双方所持器械要竖直，不可侧歪，手要拿稳。

动作 2

甲：松开中指，放下刀彩。

乙：身面微向左斜，左手抽杆，右手下滑至杆末端，将杆向前方伸出，杆与手臂在一条线上。右肩尽量前伸，右手掌心向上，杆下端置于地面，眼看向杆尖端。（图 5-2-2）

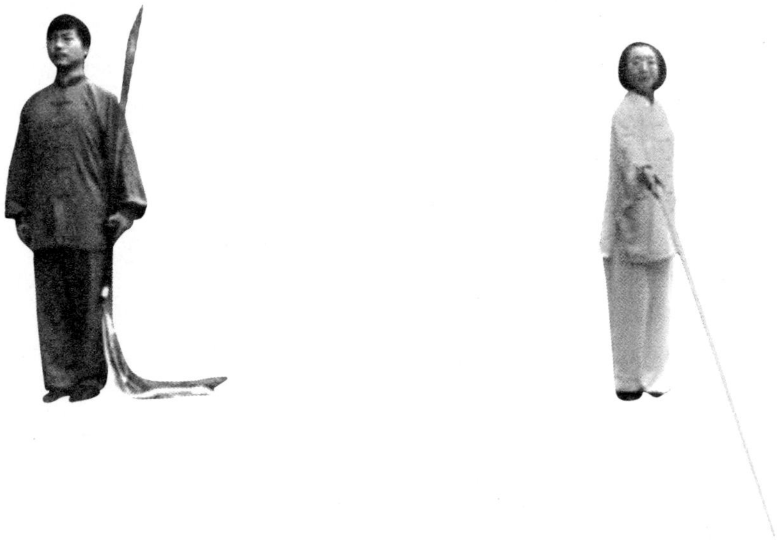

图 5-2-2

要点：乙右手拿住杆的一端，杆贴于前臂使其与手臂在一条线上。乙虽身体微侧但头要顶直，不可前探，收下颌。

动作 3

乙：转腰带动右手沿弧线划到身体左侧，同时左手置于右手腕处，左手背向上，右手掌心向外。眼随杆走。

甲：头和目光转向乙。（图 5-2-3）

要点： 甲转头时刀的位置不动。乙走杆时用腰带动，动作圆润。

图 5-2-3

第一式　五丁开山

动作 1

乙：将杆水平收至左腋下，跨右步，重心移至右脚，同时向右侧转腰，右手握杆，水平向身体右侧展开，然后将杆收至身后，上左步，双手握杆从上向下劈砸甲头顶。

甲：朝起式正前方迈右步，双脚横步面向乙，重心移至右脚，同时左手将刀柄举起，双手握住刀柄将刀面贴于左前臂上，并与之成一角度，以便用刀背拦架对方劈杆。（图 5-2-4~图 5-2-10）

要点： 甲需注意身体的方位，将头与上身藏于劈杆和刀身后侧，尤其是左肩不要突出以免被杆劈到，应使杆劈下时沿着刀背滑下而不会触及身体任何部位；乙上左步劈杆时，应将此前蓄好的力在短时间内发出，动作迅猛有力，必要时可在上左步时适当跳跃。

图 5-2-4

图 5-2-5

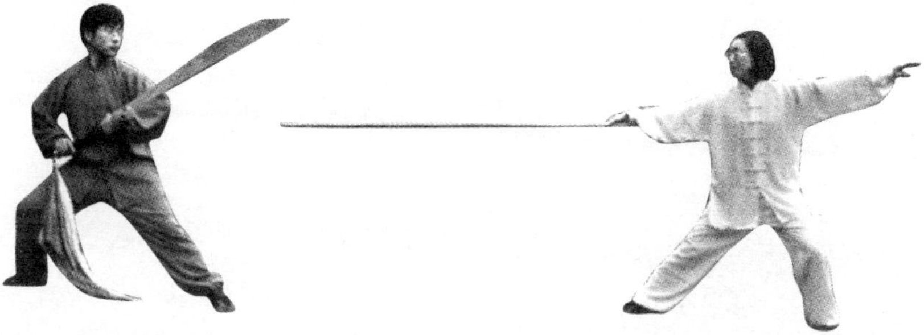

图 5-2-6

图 5-2-7

图 5-2-8

图 5-2-9

图 5-2-10

动作 2

甲：当对方劈杆沿刀背滑下时，上右步，重心前移，同时右手握住刀柄，将刀从右侧水平劈向乙，左手后撑。

乙：撤左步，右手抽杆下拉，立杆拦住对方横劈刀，身体闪于刀和杆的后侧，面向劈刀。（图 5-2-11~图 5-2-13）

要点：乙用杆拦挡横劈刀时以右手在下的推拦为主，手指藏于杆后，左手握杆在上方，运动幅度较小。

图 5-2-11

图 5-2-12

图 5-2-13

第二式　乌龙摆尾

动作 1

乙：左手滑至杆下端，上左步，从左侧抽打甲。

甲：撤左步，并右步，同时右手抽刀松腕，刀柄向上，将刀面贴于右上臂，左手扶住刀面帮助右手拦架。刀背朝前与右臂成一角度，以便用刀背拦挡对方劈杆。（图 5-2-14~图 5-2-16）

图 5-2-14

图 5-2-15

图 5-2-16

要点：乙出杆时要注意后手尽量前伸，方能将杆彻底劈出；甲要注意将身体置于刀的后侧，尤其是右肩不可突出以免被杆劈到，眼看向对方劈杆。

动作 2

甲：上右步，同时右手直接握刀从正上方劈向乙，左手向上撑。

乙：先撤右步，再撤左步，同时右手将杆抽回，左手握杆从右侧拦挡。（图 5–2–17、图 5–2–18）

要点：乙用杆拨开对方劈刀时，注意左手向左侧卷杆，杆贴于左前臂上，杆前端不可回收，以免刀滑落。

图 5–2–17

图 5–2–18

动作 3

乙：接上一动作，从右向左将刀摇开，上右步，右手沿杆滑至左手一端，用杆另一端从右侧向甲扫腿。

甲：重心移向左脚，并右步，用刀背将杆回挂，左手指按住刀面起辅助作用。（图 5-2-19~图 5-2-22）。

要点：乙用杆摇刀时靠腰带动，眼看向刀，对甲扫腿时后手（左手）尽量前伸使杆彻底伸展出去；甲挂刀时刀应贴近自己身体，刀面与杆成一斜角度，不要完全垂直或平行。

图 5-2-19

图 5-2-20

图 5-2-21

图 5-2-22

动作 4

甲：上右步，提左腿，同时右手握刀从正上方劈向乙，左手向上撑。

乙：先撤左步，再撤右步，同时左手沿杆滑至杆的另一端，从左侧拦架对方劈刀。（图 5-2-23~图 5-2-26）。

要点：乙在撤步过程中双手的滑杆动作要协调、及时。

图 5-2-23

图 5-2-24

图 5–2–25

图 5–2–26

第三式　玉蟒穿山

动作 1

乙：双手旋转从左向右拨开对方劈刀，上左步，将杆水平地刺向甲。

甲：落左步，撤右步，侧身闪开对方刺杆，同时用左前臂拦开杆。（图 5-2-27~图 5-2-32）

图 5-2-27

图 5-2-28

图 5-2-29

图 5-2-30

图 5-2-31

图 5-2-32

要点：乙在拨开对方劈刀时相当于枪法“拦拿扎”中的“拿”法，从乙的角度看去，双手顺时针旋转，杆在旋转绕开刀的过程中要保持不断前伸，否则容易与刀脱离滑掉，最后乙的右手应翻至掌心向上，而左手应翻至小鱼际向上，再前伸右手出杆。为防止被乙的杆刺到，甲除了侧身面向杆并用左手去拦杆之外，还应收腰收腹臀部后翘，为防止躲闪不及尽量留出空间。

动作 2

甲：身面向右侧旋转，右手握刀与左手交叉相合抱于胸前，刀背贴于后腰处，上右步，重心前移，眼看向乙，将刀水平地向乙横斩，左手后撑。

乙：先撤右步，再撤左步，同时右手将杆抽回，从下方拦挡对方横刀，紧接下一动作的摇刀。（图 5-2-33、图 5-2-34）

要点：甲在出刀前要丹田裹紧，身体相合，为此后的劈刀做好准备。

图 5-2-33

图 5-2-34

第四式　红绫绞海

动作 1

乙：靠腰带动，用杆摇开对方横刀，双手滑至杆端，上右步，同时右手用虎口将杆从右侧向甲的腿部扫去。

甲：先撤左步，再并右步，用刀背挂杆，左手辅助。（图 5-2-35~图 5-2-41）

要点：乙用杆摇刀时要靠腰部和整个身体带动，同时摇刀过程中要注意始终让左手手指藏于刀和杆的后侧，以防止刀沿着杆滑动伤及手指；甲需注意挂刀的要点（同前）。

图 5–2–35

图 5–2–36

图 5-2-37

图 5-2-38

图 5-2-39

图 5-2-40

图 5-2-41

动作 2

甲：上右步，将刀从右上方向左下方斜劈下去，势要斩断对方颈部。当刀落下时，乙已弯腰低头拱背，由于劈刀是斜向的，故刀落下时只有部分刀面和刀背碰到乙的后背，刀刃并未伤及乙，此时将左脚从右脚后侧倒步靠近乙，为下一个劈刀做好准备。

乙：当看到刀从斜上方刚要落下时，由于来不及撤步拦架，只能弯腰低头翘臀，面向甲从自己右方弯下身，从下方绕至左侧，躲闪方向正好与劈刀方向相对，避开了刀的进攻。（图 5-2-42~图 5-2-45）

要点：乙需注意弯腰低头的方向与甲斜劈刀的方向相对，以便躲闪刀的进攻。若感觉距离甲太近，可在弯腰下去的同时左脚向后撤半步。该动作双方需相互配合，使之看起来较为真实。

图 5-2-42

图 5-2-43

图 5-2-44

图 5-2-45

动作 3

甲：上右步，提左腿，右手握刀从正上方劈向乙，左手向上撑。然后随着乙的拦架和摇刀，左脚后落。

乙：弯腰从自己左侧起身，眼看向刀，此时杆亦随身体移至左侧，撤右步，收左步，同时用腰带动，双手握杆，用杆的另一端从

上方拦架对方劈刀，并下压将刀摇至左下方，使刀对自身无威胁。(图 5–2–46~图 5–2–54)

要点：乙摇刀时用腰部带动，需将刀从右侧摇至下方后为避免对方从下方进刀直刺，还应再继续将刀摇至自己左侧以保证自身安全。

图 5–2–46

图 5–2–47

图 5-2-48

图 5-2-49

图 5-2-50

图 5-2-51

图 5-2-52

图 5-2-53

图 5-2-54

第五式　紫燕衔泥

动作 1

乙：右手滑至杆下端，左手随后下滑，上右步，用杆的上端击打甲的头部。

甲：接上一动作落左步后，撤右脚与左脚成横步，同时右手

向回斜向崩刀，左手扶于刀面用刀背拦架乙的进杆，眼看向刀。(图5–2–55~图 5–2–57)

要点：乙进杆时双手尽量前伸，忌用胳膊之力击打，甲拦架要注意将头和整个身体藏于刀后，刀面与杆成斜角度。

图 5–2–55

图 5–2–56

图 5-2-57

动作 2

乙：杆被刀拦架后，上左步，立杆同时双手微松让杆在手中自然下滑，双手滑至杆上端，用下端从左下方击打甲。

甲：撤右步，使右脚躲闪乙的进杆，同时双手将刀推至自己右下方，用刀背拦架对方进杆，此时刀柄在上。（图 5-2-58~图 5-2-61）

要点：乙倒杆速度要快，动作自然流畅，乙进左步与甲退右步应步调一致，彼此呼应。

动作 3

乙：立杆，左手握杆上抽使右手快速滑至杆下端，左手随后下滑，上右步，再次用杆上端从上方击打甲。

甲：撤左步，再次使左右两脚成横步，同时双手再次将刀移至左侧拦架对方进杆，方法同动作 1。（图 5-2-62~图 5-2-64）

要点：动作 1、动作 2、动作 3 是一连串的三个进攻防守动作，需连贯快速，乙的进攻让甲只有防守之力，为随后甲的一连串反击做好铺垫。

图 5-2-58

图 5-2-59

图 5-2-60

图 5-2-61

图 5-2-62

图 5-2-63

图 5-2-64

动作 4

甲：上右步，刀沿着杆顺势向前劈向乙。

乙：来不及拦架，只能重心后移，上身后倾躲开对方的劈刀。(图 5-2-65、图 5-2-66)

图 5-2-65

图 5-2-66

要点：乙的躲闪必须快速以防被刀劈到，必要时若来得及也可先撤后步，再撤前步。

动作 5

甲：右脚继续向前迈一大步，提左脚，同时松腕将刀回挂，继续从正上方将刀劈向对方。

乙：撤右步，左手滑至杆的一端，从右侧拦架对方劈刀。（图5-2-67~图 5-2-69）

图 5-2-67

图 5-2-68

图 5-2-69

要点：该动作与上一动作中甲连续劈刀两次，需前后连贯，中间无停顿。

动作 6

乙：顺势右手用力快速推刀，上右步，将杆前端对准甲的喉咙刺去。

甲：刀被乙推开后，落左步，挪动右步使双脚成横步，坐腕崩刀，用刀背推开对方刺杆。（图 5-2-70~图 5-2-72）

要点：甲崩刀要及时，以免被对方进杆刺到喉咙。

图 5-2-70

图 5-2-71

图 5–2–72

动作 7

甲：连续向前进三步，先上左步，再上右步，再上左步，左手扶住刀面用力推刀使刀背沿着杆向前推，刀刃直逼向乙。

乙：随着甲的进攻对应地连退三步，先撤右步，再退左步，再退右步，且退步的方向使自己与甲先前的位置做调换，同时右手用力推杆拦架甲的进刀，防止刀距离自己太近产生危险。（图 5–2–73~图 5–2–75）

图 5–2–73

图 5–2–74

图 5–2–75

要点：甲的进刀要凶猛，乙的防守要及时，且始终让身体及手指藏于刀和杆的后侧，确保刀沿着杆向前滑移时手指的安全。双方的进退步调应一致，配合要真实，该动作让甲乙双方位置发生了交换。

动作 8

乙：接上一动作，当第三步右脚退步后，由被动的拦挡进刀改为主动用力向外推刀，将刀猛地推开，同时继续退右步，收左步，右手向下抽杆，左手滑至杆上端，左手在上右手在下拦架甲的下一劈刀。

甲：刀突然被乙推开后，趁势上右步，由于刀被推向自己右侧，因此右手握刀从右侧直接向乙横斩，左手后撑。（图 5–2–76~图 5–2–79）

要点：乙推刀时需丹田发力，快速迅猛，拦架甲的进刀时以下手（右手）用力推挡为主；甲的进攻应顺着乙推刀之力，借势从右侧横斩，速度要快，动作直接，连贯流畅。

图 5-2-76

图 5-2-77

图 5-2-78

图 5-2-79

第六式　雾断横山

动作 1

乙：拦架进刀后上左步，同时收杆，双手滑至杆下端从左侧用杆劈向甲。

甲：并右步，同时松腕，刀尖下落，左手刁住刀背下方，紧接着右手亦刁住刀背上端（紧邻吞口处），使刀柄向上，刀尖朝下，用刀柄拦架乙的进杆，杆碰到刀柄后滑落至吞口处被阻拦。（图5-2-80~图 5-2-85）

要点：刀在甲的手中变换要快，动作连贯，左右手之间距离不可太近，以免进攻时力臂太小减小了杀伤力。

动作 2

甲：当杆被刀吞口拦挡后，刀柄向下压杆至水平，上左步，左手推刀使刀刃从左侧水平的向乙抹去。

乙：杆被对方刀柄下压后右手迅速抽杆，左手滑向杆下端，退右步，右手在上左手在下推拦对方进刀。（图 5–2–86~图 5–2–89）

要点：甲进刀时双手应尽量前伸，增大攻击距离，乙拦架时身体和左手手指藏于刀与杆的后侧。

图 5–2–80

图 5–2–81

图 5-2-82

图 5-2-83

图 5-2-84

图 5-2-85

图 5-2-86

图 5-2-87

图 5-2-88

图 5-2-89

动作 3

甲：继续进刀，上右步，同时右手推刀，从自己右侧将刀水平地抹向乙。

乙：继续防守，退左步，左手在上右手在下拦挡甲的进刀。(图 5-2-90、图 5-2-91)

图 5-2-90

图 5-2-91

要点：甲进刀时用腰部之力推刀，双手（尤其是后手即左手）应尽量前伸增大攻击距离；乙的身体和右手指藏于杆后。

动作 4

乙：接上一动作，由于甲用刀柄击打杆的力量太大，故左手松开，使杆上端沿右侧落下，撤左步，再撤右步，右手握住杆端回收，左手顺着右手接住下落的杆，滑至中央，双手握杆从左侧拦挡对方劈刀。

甲：用刀柄打掉长杆之后，继续上右步提左脚，同时右手由吞口处移至刀柄，右手握刀从正上方劈向乙。（图 5-2-92~图 5-2-96）

要点：甲右手由吞口附近的刀背处向刀柄移动过程要自然、快速，防止掉刀；乙左手指藏于杆后。

图 5-2-92

图 5-2-93

图 5-2-94

图 5-2-95

图 5-2-96

第七式 乾坤倒转

动作 1

乙：用杆沿顺时针方向搅刀，将刀拨开，拨刀时的用法类似于枪法“拦拿扎”中的“拿”法，上右步，同时右手回抽杆，左手滑至杆端，右手用虎口推杆从右侧横扫对方左腿。

甲：杆被拨开后，向后落左步，并右步，同时右手握刀回挂，拦挡对方的扫腿。（图 5-2-97~图 5-2-104）

图 5-2-97

图 5-2-98

图 5-2-99

图 5-2-100

图 5-2-101

图 5-2-102

图 5-2-103

图 5-2-104

要点：乙拨刀的同时杆前端要前伸，否则容易滑落造成防守失败；甲注意挂刀的要点（同前）。

动作 2

甲：左手从里侧伸出刁住对方的杆欲夺之，上右步，右手握刀从右上方斜劈向乙。

乙：由于杆被甲抓住后无法抽回，只能松开左手，右手随之沿杆滑至杆端，同时从右侧弯腰低头，从下方绕至左侧躲开对方的劈刀。当身体从右侧绕至下方时，眼向上看，并准备伸出左手接刀，当绕至左侧尚未起身时，用左手刁住对方右手手腕截住对方劈刀。（图 5-2-105~图 5-2-110）

要点：乙的弯腰躲闪要及时，当乙位于下方尚未起身之时就应做好防守之准备，首先眼尽早看向刀，左手提前伸出准备刁拿对方手腕，若等起身之后再伸手去刁拿对方手腕，可能时机已过，为时已晚，对方可能已经进行下一动作了。

图 5-2-105

图 5-2-106

图 5-2-107

图 5-2-108

图 5-2-109

图 5-2-110

动作3

乙：右手松开杆，刁住刀背，与左手保持一定距离以加大力臂，用腰带动，右手前推，将刀尖指向甲，左手回收，使对方手腕受力后因疼痛而松手，左手接刀柄，将刀夺取。

甲：乙松开右手后，杆尖端落地，由于刀被乙夺去，只能撤右步，左手握杆斜立于地上拦挡对方的刀。（图 5-2-111~图 5-2-118）

图 5-2-111

图 5-2-112

图 5-2-113

图 5-2-114

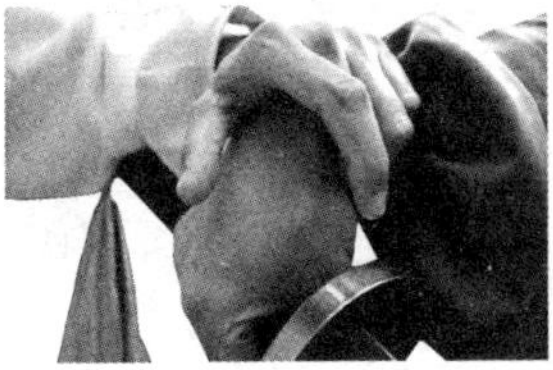

图 5-2-115

图 5-2-116

图 5-2-117

图 5-2-118

要点：乙夺刀时需用腰部之力使右手推刀，左手刁住对方手腕往丹田回收，双手用力相合，方能使对方手腕受力后因疼痛难忍而松手。注意双手的刁拿手法，不要用五个手指去抓。

第八式　神归灵山

动作 1

乙：继续向前迈右步，同时将左手中的刀交于右手，右手握刀向前刺向甲的左腿。

甲：撤左步，躲开对方刺刀，仍用左手握杆进行拦挡，必要时可随着左步后撤使杆沿地面回拖。（图 5–2–119）

要点：乙两手交刀要自然；甲撤步躲闪刺刀需及时。

图 5–2–119

动作 2

甲：左手将杆回抽，右手用虎口推杆击打对方的刺刀（击打刀背处），随后右手托杆，准备收式。

乙：借着甲用杆击打刀背之力，撤右步面向起式方向，同时用腰带动，右手握刀，水平地向自己右后方劈去，准备收刀。（图5–2–120~图 5–2–123）

要点：甲用杆击打对方刺刀时用腰带动；乙借力劈刀时注意用力方向是在自己的右后方，而不是在右前方，后者动作太小不利于收刀。

动作 3

甲：右手托杆将杆立于左手中，并右步，同时右手掌心向上，向身体右侧伸展出去，眼看向右手。

乙：右手从身体后侧翻刀使刀柄向上、刀尖朝下，并将刀柄交于左手，眼看向左手，收丹田将双手拉回置于腹前。然后并左步，刀背贴于前臂，刀尖向上，刀身直立，右手掌心向上，向身体右侧伸展出去，眼看向右手。（图 5-2-124~图 5-2-128）

要点：乙翻刀过程中刀背应贴于身后，注意动作的连贯和眼神，动作干净利索，此外双方动作节奏要配合好，最后同时完成并步及托掌（右手掌）。

图 5-2-120

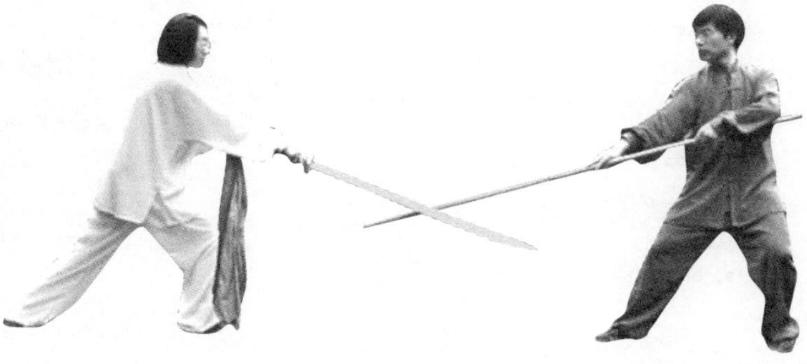

图 5-2-121

图 5-2-122

图 5-2-123

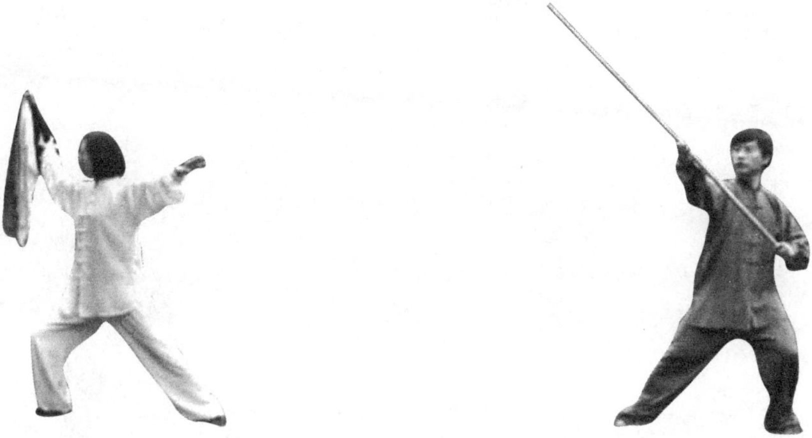

图 5-2-124

图 5-2-125

图 5-2-126

图 5-2-127

图 5-2-128

收式

动作 1

乙：双腿慢慢直立，同时右手向上托举，并划一弧线至正前方一定高度处翻成掌心向下，下按至腹前，左手握刀使刀直立，刀背贴于前臂，刀刃朝前。

甲：双腿及右手动作同乙，左手握杆，杆直立于地上。（图 5-2-129~图 5-2-132）

要点：动作完成时，右手臂应捧圆，在腹前成一定弧度。双方动作节奏要一致。

动作 2

甲乙：放下右手，目光平视远方，最后向观众行礼，放下双手，动作结束。（图 5-2-133~图 5-2-135）

图 5-2-129

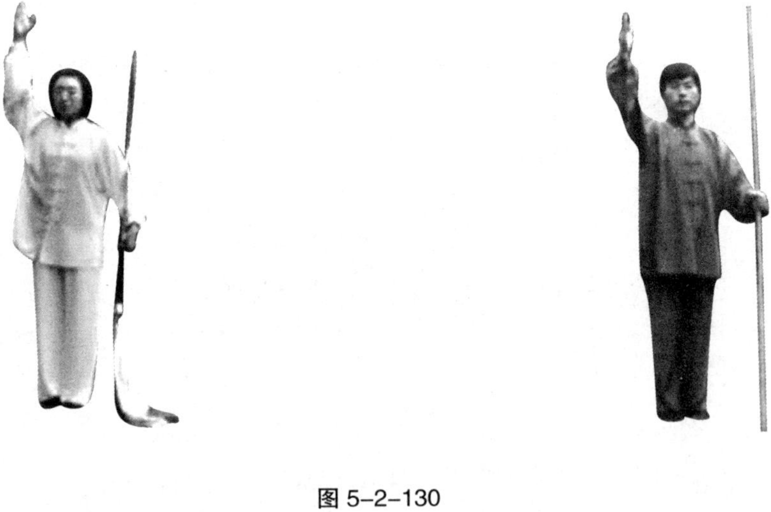

图 5-2-130

图 5-2-131

图 5-2-132

图 5-2-133

图 5-2-134

图 5–2–135

后 记

《赵氏擒拿术》系列图书共三册，上册《擒拿秘籍〈九重天〉译注》主要撰写了赵氏擒拿的经典理论；中册《擒拿秘籍〈九重天〉图解》全面阐述赵氏擒拿独特的基本功、古朴的基础技术和精妙的实用擒拿技术；下册《擒拿秘籍〈九重天〉套路精解》则以赵氏擒拿的研习套路为主线，既有精悍的徒手对练与相应的实战技术，又有酷似太极拳的擒拿柔拳，擒拿柔拳既能像太极拳那样柔缓演练，又能如长拳般快速练习。器械套路以常用刀法为主，擒拿滚手刀、擒拿直趟走刀既能像太极八卦演练健身，又能对练实战。三册书分别从理论、功法技术、套路三个方面较为系统地阐述了赵氏擒拿术，但由于篇幅有限，尚有一些经典的擒拿套路没有收录入这三册书中，有待于将来陆续整理出版。

这套书的上册和中册一经面世就得到广大读者如潮水般的好评，出版不足三个月就又多次再印。期间，询问、索要下册的电话、信息接连不断，足见读者朋友们对这套书的关爱与认可。今于下册书稿即将付梓出版之际，衷心感谢广大读者对本套书籍的厚爱和人民体育出版社的大力支持。在今后几年中，赵氏擒拿研究会将陆续整理、出版实用擒拿经典套路（尚未收录的内容）、论文集《九重撷英》及八卦掌相关书籍。2008 年出版的《实用擒拿学》也将在原来的基础上充实提高，重新修订再版，希望广大读者继续关注与支持。

赵氏擒拿研究会自成立以来，就以传承弘扬中华武学为己任。在实用擒拿技术、套路以及功法习练的同时，注重研究学习武术理论，从几千年的中国传统文化积淀中汲取精华。毕竟理论是技术的基础，理论指导技术的发展。孔子曰“有文事者必有武备，有武事者必有文备”，文武双全、智勇兼备自古便是我们武者的不懈追求。研究会将一如既往地注重武术文化研究，提高个人武学造诣，更好地传承和弘扬中国武术。

因时间和能力有限，书中难免有不妥之处，敬请专家、学者、同仁批评指正。

赵大元

2016 年 3 月 11 日于北京

附录：传承谱系

八卦掌传承二十字代谱：

海福寿山永，强毅定国基，
昌明光大陆，道德建无极。

赵氏擒拿传承十六字代谱：

元亨利贞，坤德慎贤，
蒙恒孚吉，师比泰承。

八卦掌传承：董海川——梁振甫——李子鸣——赵大元

赵氏擒拿传承：赵大元先生依据擒拿秘籍《九重天》创建赵氏擒拿

赵大元：赵氏擒拿一代“元”字辈，八卦掌四代“山”字辈

赵氏擒拿二代“亨”字辈，八卦掌五代“永”字辈弟子：

一九八二年九月二十六日正式拜师（赵大元先生）弟子（19人）：
郑宝东、李信成、杨国均、商金福、郑立新、田佩泉、
刘建国、藏金坦、关增启、王智广、常玉成、何善明、
乔树枝、刘百顺、侯维泽、顾荣春、曹进强、杨福成、
闫耀武

一九八四年二月十九日正式拜师弟子（20人）：
曹承璋、刘惠怀、孟李景、刘大振、周卫义、阿援朝、
林建国、王玉、潘志林、李金友、梁志军、王志强、
何雪明、李欣、马列、杨十明、邹晓东、陈文东、
石磊、丁劲松

一九八六年三月一日正式拜师弟子(3 人)：
任寿彤、霍东利、吴少平

二零一零年四月四日正式拜师弟子(赵氏擒拿第一批 21 人)：
赵文福、方国璇（美国)、刘明亮、孙晓峰、邸建恒、高玉冰、朱锡银、王玫、杜志强、黄玉川、袁考、郑雷明、陈瑞萱、李天宁、贾承也、薛原、王建军、钱龙、龚瀚翔、黄筠、李梦凯

二零一三年五月十一日正式拜师弟子（赵氏擒拿第二批 30 人)：
田春林、王俊武、鲍应庭、戴何君、蔡启国、吕有成、慕明军、吴邦文、王超、赵宝刚、魏发团、黄大宇、丁琳、王天明、张海明、王华、余仕教、庞瑾鲁、付真、张铮、黄永新、付媛媛、常青、何贤孟、高贺翔、黄建军、叶俊华、彭力、潘加峰、赵涛
注：潘加峰、赵涛是二零一三年十月二日补收。

二零一四年十月三日正式拜师弟子（赵氏擒拿第三批 16 人)：
崔世荣、张尚文、赵为民、林小甫、马开颜、蔡秀善、苏士梯、林明鸿、嵇王湜、游东亮、陈琛、吴美貌、蔡万倾、常先坤、庄道勇、贾国成

二零一六年四月十七日正式拜师弟子（赵氏擒拿第四批 34 人)：
刘贵武、齐为民、李德敏、李青峰、韩在林、杨凤霞、张文海、刘振强、韩淑伟、张辉、耿庆勇、邵振江、曹向阳、许义林、王玉、朱梁、王震、张国良、杨喆、万广军、曹海鹏、杜万勇、李海军、方港、王寒冰、牛国芳、赵伟、肖越、王海龙、刘丁、

王传杰、韩金明、朱振海、窦钰旺
注：王传杰现名王传飞。

赵氏擒拿三代“利”字辈、八卦掌六代“强”字辈弟子：

门中弟子郑宝东先生正式入门弟子（23人）：
李京山、牛振国、刘涛、沈俊颖、金敏、王建秋、白金凯、刘焕亮、刘亚军、杨军、刘建林、张铠钧、负国生、付浩文、段大伟、张学强、刘建军、王风春、田卫、曹海滨、王泉生、姚博、王乐国

门中弟子田佩泉先生正式入门弟子（22人）：
李政国、刘永生、常建军、任洪波、张建文、张丽君、刘玉涛、蔡殿芳、秦金城、刘禹铖、牟彬、郭硕、仝斌、王楠、梁楠、王亮、熊鑫、汤帅奇、于洋、徐运齐、郝希新、汪金诚

门中弟子霍东利先生正式入门弟子（109人）：
牛建民、张冠华、周剑鸣、郝京伟、龚世杰、王诚、李在凤（韩国）、廖建、陈羽、卢杨广、梁玉成、苏伟强、李化森、聂建和、赵紫坚、乔新全、罗国华、严志文、罗毅林、廖志勇、陈荣佳、陈镭、叶力运、张森才、伍光标、严艺强、陈海武、戴建平、田雅军、邓仲球、钟庆彤、谭朝星、陈庆坚、邓劲斌、黄海峰、黄小江、梁正、吴泽明、荣天耀、周美笑、罗子常、吕务华、李国群、岑汉民、刘连权、袁柱庭、林肇棠、周锦祥、陈清勇、谢家伟、戴志忠、林桂松、庞红英、莫丽娜、陆少清、黄志颜、何欣彦、林建军、乔伟华、

朱翼姬、李志容、罗海凤、梁泽强、莫意惠、廖桂兰、
梁志青、李爱云、彭艳芬、郑小萍、林冰、林江虹、
马萍、吴敏华、李娜、肖东华、李其瑞、卢德发、
郝献玉、吴滨、梁爱玲、管伟、刘宝芹、彭红民、韩铁鹰、
蔡志东、刘晓云、何宇峰、洪国华、武振文、黄志飞、
陈东桥、黄钟、何展球、蔡剑锋、蒙更耀、梁贵兴、
梁木莲、李飞、陈凤玲、苏肇娟、董玉华、吴敏芝、
陆晓晔、苏丽萍、梁桂兰、陈洪儀、王虹、向泽林、
易汉元

门中弟子任寿彤先生正式入门弟子（20人）：
李国辉、刘垣生、丁桥、刘行健、邢永群、孟宪刚、
韩思聪、李飞、申弢、张健、玉井牙里（日本）、
高世杰、谢忠妤、于恩、董根琐、单俊华、张炜、
吴恩龙（印尼）、梁信尧、麦景恒

门中弟子赵文福先生正式入门弟子（2人）：
陈稳、白子骏

门中弟子杨国均先生正式入门弟子（1人）：
李书财

门中弟子刘明亮先生正式入门弟子（23人）：
张洵赫、赵子顺、孙名武、朱有为、赵登宏、熊国栋、
余培正、李竹星、陶情、李荷、彭靖芸、孙威、马清荣、
卫志成、缪颖、杨哲迪、程耀霆、王牧晨、左思纯、
杨中逸、栾翘楚、侯宝森、周璐珊

门中弟子孙晓峰先生正式入门弟子（8人）：
张学军、张秀民、王之强、温丹宁（Donna M.Winges 美国）、姚友超、于童、纪玉龙、王辽源

门中弟子邸建恒先生正式入门弟子（1人）：
李增溥

门中弟子高玉冰女士正式入门弟子（11人）：
贺铁军、薛斌、张海成、徐海猛、崔志刚、王宏国、张伟、贾悦、曹贺然、胡欣小林、罗乾智

门中弟子赵为民先生正式入门弟子（21人）：
张文磊、韩化青、董 震、邹拥龙、魏 宁、王涛、焦娜娜、王晓东、孙即仁、丛海燕、田圣君、宋亚汝、朱振英、毕金环、代晓刚、周 鹏、陈 恒、王军建、赵建伟、王之豪、孟业从

截至2016年5月30日，本门赵氏擒拿二代“亨”字辈、八卦掌五代“永”字辈弟子共计143人；赵氏擒拿三代“利”字辈、八卦掌六代“强”字辈弟子共计241人。

图书在版编目(CIP)数据

擒拿秘籍《九重天》套路精解：赵氏擒拿术. 下册 / 刘明亮，邸建恒，付真著. 赵大元传授. –北京：人民体育出版社，2017（2018.12.重印）

ISBN 978-7-5009-4948-0

Ⅰ.①擒… Ⅱ.①刘… ②邸… ③付… ④赵…
Ⅲ.①内家拳–擒拿方法（体育） ②《九重天》–研究
Ⅳ.①G852.1

中国版本图书馆 CIP 数据核字(2016)第 052496 号

*

人民体育出版社出版发行
三河紫恒印装有限公司印刷
新　华　书　店　经　销

*

880 × 1230　32 开本　13.5 印张　340 千字
2017 年 1 月第 1 版　2018 年 12 月第 2 次印刷
印数:5,001—8,000 册

*

ISBN 978-7-5009-4948-0
定价: 46.00 元

社址：北京市东城区体育馆路 8 号（天坛公园东门）
电话：67151482（发行部）　　邮编：100061
传真：67151483　　邮购：67143708
网址：www.sportspublish.cn
（购买本社图书，如遇有缺损页可与邮购部联系）